世界で一番やさしい

資料作りの教科書

榊巻 亮

日経BP

はじめに

この本は「資料作りの教科書」とうたっておきながら、図表を上手に使うコツや色使いのテクニック、体裁のセオリーといった話は一切出てこない。資料の見栄えは確かに大切だが、資料作りにおいて最も重要な要素ではないからだ。

資料の役割は本来「何かを伝えること」なので、仮に見た目が悪くても伝えたいことが伝わるなら、それでいい。逆にどんなにきれいな資料を作っても、伝わらないと意味がない。もっと言えば、伝えたいことがスパッと伝わるなら、資料など作らなくていいのかもしれない。資料を作るのは、伝えるための手段でしかないのだ。

では、伝えたいことをスパッと伝えるには、何を押さえればよいだろうか。本書はそこを丁寧にひも解いていくものである。

「伝える」に関連するシーンを多数紹介

ビジネスにおいて、誰かに何かを伝えるシーンは実に多い。資料を使わなくても、口頭で「仕事を依頼する」「報告・相談をする」「会議で議論をかみ合わせる」「プレゼンテーションをする」など。一見、資料作りとは無関係に思えるが、これらはどれも伝えるという行為そのものである。

だから押さえるべきポイントは、資料作りと驚くほど似ている。

本書ではこれらの要素にも触れていく。そして結果的に単なる資料作りの枠を越え、ビジネスにおける「伝える」の本質に迫っていくことになる。

あらゆるビジネスシーンで、伝えたいことをスパッと伝えることができれば、その効果は計り知れない。相手の意図を齟齬《そご》なく汲み取れて、自らの意思を的確に伝えられるようになり、仕事がサクサクと気持ちよく進むようになる。普段の仕事がそんなふうに変わったら、どんなに良いだろうか。

「伝える」を軸に章立てを構成

この本は資料作りの話だけにとどまらず、「伝える」の本質を多角的に捉えられるように構成を工夫している。まず「第2章：一枚ものの資料作り」を軸に、押さえるべきポイントを解説していく。資料という物理的なモノがあった方が、伝えるための原理・原則を理解しやすいからだ。

そのうえで、物理的なモノがない口頭でのやり取りに話を発展させる。「第3章：仕事を受ける／依頼する」と「第4章：会話をかみ合わせる」である。第2章とは関連がないと思うかもしれないが、伝えるという観点で見ると大事なことは一緒だ。

第2～4章を通じて、口頭でのやり取りがバージョンアップすれば、より高度で複雑な資料作りを進めやすくなる。これを「第5章：プレゼン資料を作る」と「第6章：伝わるプレゼンテーション」で解説して締めくくる。全ては伝えるという軸でつながっている。

コミュニケーションが変われば、全てが底上げされる

今日のビジネスでは、本当に様々な能力が求められる。プロジェクトマネジメントスキルや会議ファシリテーションスキル、コーチングスキル、問題を分析するスキル、アイデアを捻り出すスキルなど、挙げ始めると切りがない。だが共通して言えるのは、これらの能力を発揮しようと思ったら、必ずコミュニケーション、つまり伝える行為が介在するということだ。

良いアイデアも素晴らしい分析も、コミュニケーションがグダグダだと、どうにも相手に伝わらず、見向きもされない。土台が腐っていたら、その上に何を載せても傾いてしまう。何をするにも、伝える技術はビジネスの基本動作として必須である。

この事実を逆に考えれば、伝える力が上がれば、その上に載っている全ての能力が一段レベルアップすることになる。土台を固めることで、あなたやチームの能力がごっそり底上げされる。

ビジネス小説で「伝えるの変化の過程」を追体験

しかし、一度も見たことがないものを目指すのは難しい。自分たちにとっての理想形がぼやっとしたままでは、目指すべき姿にたどり着くのは大変だ。

まして、何十年も続けてきたスタイルや習慣からどう抜け出すかは難題である。多くのノウハウ本はやり方だけを解説しているが、それだけ読んでも変化を生み出すのは困難と言えよう。

そこで本書では、入社四年目の鈴川《すずかわ》葵《あおい》がグダグダな社内コミュニケーションの現状を少しずつ変えていき、理想形にたどり着くまでの物語を小説仕立てで描いた。現状から理想への変化を小説で追体験できれば、現実世界で変化を生み出すヒントを得やすいと、私は考えている。

葵は、私の前著『世界で一番やさしい会議の教科書』（日経ＢＰ）の主人公と同じ人物である。当時は入社二年目だった彼女が本書では四年目になっており、後輩もできている。

本書で取り上げるコミュニケーションや資料作りの手法はあくまでも一つの考え方であり、絶対的な「正解」ではない。状況に応じて、自分なりにアレンジする必要がある。私はそれを置換力と呼んでいる。本書を読んで内容をうのみにするのではなく、自分が置かれた現状に当てはめて、応用してみてほしい。

そして、次に小さな変革を起こすのは、あなた自身だ。

目次

第1章

伝わらない
グダグダな資料

「はあ」。鈴川葵は無意識のうちに、深いため息をついていた。残暑が厳しい九月中旬。オフィスの外に広がるカラリとした青空とは正反対の雰囲気だ。

葵がいる二十四階のオフィスからは、眼下に駅からの人波が見えた。そのうちの何人かは、まっすぐ葵のいるビルに向かってくる。葵が勤務する日本ネットワークパートナーズ（NNP）の従業員だろう。

NNPは無線LANなどのネットワーク関連事業でビジネスをしている老舗企業である。巨大な自社ビルは権威と歴史を象徴するかのようなたたずまいを見せている。そんな大企業に葵が入社して、四年。葵は「新サービス立ち上げプロジェクト」、通称「Nプロジェクト」のメンバーに選ばれ、忙しい日々を送っていた。

プロジェクトが発足してから、NNPとしてどんなサービスを打ち出すべきか、これまでの商品やサービスとのシナジーをどう考えるのか、といった議論が続いていた。プロジェクトルームの壁に貼り出された模造紙や付箋には、激論の様子がありありと残っている。

「それはいいんだけどねぇ」

葵は付箋をぼんやりと眺めながら、無意識に独り言をつぶやいていた。プロジェクトで行われる多くの会議は、葵がファシリテートをして、比較的順調だった。

昨年までコールセンター課に所属していた葵は、自部署の会議に問題意識を持ち、会議の改革に乗り出した。その成果と会議ファシリテーターとしての能力を買われて、入社四年目にして、Nプロジェクトに抜てきされたのだ。

メンバーからは「葵さんが会議に入ってくれると引き締まるんだよね」なんて声が聞こえてくる。チームに貢献できているという感覚はいいものだ。

（こっちも会議みたいに順調にいけばいいのになあ）

机の上の資料に視線を移しながら、葵は浮かない表情を浮かべる。そのとき、リーダーである西山課長がプロジェクトルームに入ってきた。

「おはよう、鈴川さん。早いね」

「西山課長、おはようございます」。葵は浮かない顔のまま立ち上がり、「あの…。課長。先日の資料を見てもらいたいのですが…」と西山に声をかけた。

「ああ、お願いしていた資料の件ね。完成した？」。西山は丸い体を椅子に無理やり着地させながら言った。

「いえ…。あの、一応作ってみたんですが、これでどうですか？」

「ちょっと待ってね。いやあ、それにしても暑いね」

外が相当暑かったのか、西山は額の汗をしきりにふいている。丸々とした顔と色白の肌、そして顔に負けず劣らず丸い体。そして吹き出す汗。何というか、ゆでたての卵を連想させる。

「えーっと、資料ね。どれどれ」

グダグダな資料

プロジェクトでは日々会議が行われ、様々な意思決定がなされていく。それが積み重なって、プロジェクトは前に進んでいくのだが、議論の結果はまとめておかなければならない。

プロジェクトメンバーに選ばれてから、会議ファシリテーターの仕事に加えて、会議の結果をまとめたり、会議に使う資料を事前に準備したりと、葵の仕事は一気に増えた。

会議ファシリテーションのコツは父に教えてもらってつかんだのだが、葵はどうにも資料作りが苦手だった。何度も西山から修正の赤入れをされ、資料が完成するまで時間がかかって仕方ない。

（今回も時間がかかるんだろうな…）。葵は確信に近い予感を覚えながら、パワーポイント（パワポ）で作った三枚の資料を西山に渡した。西山は頭をかきながら、コメントし始める。

「うーん、こういう感じか――。何か、パッとしないんだよねぇ」

「そうです…よね」。（ってゆーか、課長の言った通りに直したんですけど…）

西山は頭を抱えて、資料をじっと見つめている。そして無言「…」。

（ああ、いつもの間だ…。嫌なのよね、この時間…）

「…」

「あの、どうしたらいいですか？」。（これでいいの？　それとも直すの？　早く指示してほしいんだけど）

「うーん…。この図さ、もうちょっと違った見せ方があると思うんだよね」

「そうですか…」。（もうちょっとって何？　見せ方？）

西山は再び沈黙する。葵は既に思考回路が停止している。その証拠に、目が遠くを見ている。

「色使いもさ、もうちょっとあるでしょ。何でここが黄色なの？」

「…」

「ここは、こういう文章の方が良くないか？」

「…」

「ここだけ句読点がないよ。そろえておいて」

「…あ、はい」


こんな感じで、西山のコメントと無言の葵、というやり取りが五分ほど続いた。

「こんなもんかな」

「…はい…」

「じゃあ、修正しておいて。よろしく頼むよ」


西山は葵に資料を戻す。資料には「?」やら「○」やら、謎の走り書きやらがたくさん書き込まれている。西山のコメントと同様に、どれもモヤッとしている。正直言って、とても上司からの指示とは思えない。葵の困惑をよそに、西山は朝からひと仕事終えて満足そうに、メールのチェックを始めた。

「はあ…。また修正か…」。席に戻りながら、葵はまたため息をついた。よく分からない資料を返された葵は気が重い。この数枚の資料を仕上げるのに、既に数回やり取りをしている。前回指摘されて修正したところも、また微妙に違うコメントが入っている。だからいつまでたってもOKが出ない。

(これ、どう修正しろって言うのよ…。「?」って何⁉。資料なんて、結局は上司の好み次第なのよね。何が正解なのかさっぱり分からないし、何度も指摘されるし、おまけに何を指摘されているのかさえ分からない。もう何なのよ——! はぁ…もうやりたくない…)

指摘されている内容がよく分からないというのは致命的だ。何が悪いのか、どう直せばいいのか分からず、モヤモヤが消えない。文字の色や大きさ、微妙な日本語のトーンなどは、直しても直さなくても同じなんじゃないかと思える。

(プロジェクトって、テレビドラマで見ると華々しいイメージがあったけど、全然そんな感じがしないな。この資料作り、本当に価値があるのかな…。課長とのこんなやり取り、あと何回やったら終わるんだろ)。葵は資料を放り投げた。

グダグダなメール

パソコンを見ると、プロジェクトメンバーからメールが届いている。開くと丁寧な書き出しの短い文章が現れた。

――「お疲れ様です。営業課の土屋です。先日は打ち合わせ、ありがとうございました。次回もよろしくお願いします。資料をお送りいたしますので、ご確認お願いします。何卒よろしくお願いします」――

よくあるメールだが、先ほどの課長とのやり取りのせいか、どうも素直に受け取れない。「ご確認お願いしますって、何をどう確認すればいいのよ」。思わず、心の叫びが声に出てしまった。

プロジェクトチームに参加するようになってから、社内の多くの人たちや部署と関わる機会が急激に増えた。それはそれで良いことだが、同時に他部署とのコミュニケーションがどうにもスムーズにいかず、歯がゆさを感じていた。

「葵さん、何だかイライラしてますね」。隣で葵の独り言を聞いた大路が声をかけてきた。いつの間に、出社してたのか。

大路は葵の三つ下の新人だ。プロジェクトの手伝いというか、ＯＪＴ（職場内訓練）の位置付けで参加していて、葵が教育係を任されている。頭はいいと思うのだが、常に飄々としていて、どうにもつかみどころがない。「育ちのいいお坊ちゃん」という言葉がぴったりの後輩だった。


「ため息をつきながら、何を見ているんですか?」。大路がパソコンをのぞいてくる。

「見てよ、このメール。ご確認お願いします、だって。何を?って感じでしょ?」

「なるほどですねえ」。若モノらしく奇妙な相づちを打つ大路。

（大路君、自分から声をかけてきたくせに、テキトウなんだから。なるほどですねって…）

葵のため息はさらに深くなる。

口頭のやり取りもグダグダ

「メールって、難しいですよねっ!」。そんなことより葵さん、ちょっといいですか?」。大路がまじめな顔を見せる。

（そんなことって…）。葵は力が抜けそうだ。


「何？」

「この資料なんですけど…、最初にこれを伝えて、次にこれを書いて、ここにこの図を入れたんです。でも何かしっくり来ない気がして」

「うーん。ここをこうした方がいいんじゃない？」。葵はアドバイスをしてみたが、大路の顔は明るくならない――

「…」

「なるほどですね！」。得意のテキトウな相づちがまた出た。

「うーん。分かりました」

「え？　それだけ？」

「あっ、いや…、そうですね…。あっ、でも…」。どうにも歯切れが悪い。

「どうしたのよ？」

「えーっと」

大路がハッキリしないので、葵は首をひねる。大路とのやり取りは毎度、スパッといかない。

「実はコンタクトセンター課の幸田課長に怒られちゃいまして」

「幸田課長って、あの幸田さん？　怒られたの？」。葵はますます混乱してきた。（何の話？）

「西山課長から、次の会議に幸田課長を呼んでくれって言われまして、幸田課長に伝えたのですが、『それは何の会議なんや？　何で俺が行く必要があんの？』って言われまして…」

　葵はムズムズしながらも、黙って話を聞いている。

「で、説明用にこの資料を作ったんです。それで持っていったら、よく分からんと言われてしまって」

「ふーん…。それで、どうしたいの？　この資料のどこが悪いか、教えてほしいってこと？」

「ええっと…。そうですね。どうしたいかっていうと、何だろ？」。大路は天を見上げる。どうやらそうではないらしい。

「よく分からないけど、結局、幸田さんが会議に来てくれればいいのよね？」

「そうです！」。大路の顔が明るくなる。

「だったら、あとで幸田さんに会うから、私から話しておくよ」

「まじっすか、ありがとうございます！」。大路は小躍りしそうな勢いだ。

「大路君の話って、何か伝わりづらいんだよね。始めからそう言ってくれればいいのに」

「すみません、でも難しいんですよ。どう話したら端的に伝わるんですかね。メールもどう書くのが正解なのか分からないし。難しいっすね！」

「まぁ、そうね」

（正解かぁ）。葵は、西山に真っ赤に直された資料に目を落とした。（私だって、何が正解なのか分からなくて困っているんだから…）

――その日の夕方。葵は幸田のところに行った。大路に代わって会議への参加を打診するためだ。幸田はコンタクトセンター課で一緒だった先輩で、顔見知りだ。ツルッとはげ上がった頭と、でっぷりしたお腹が特徴的な幸田は、葵の話を聞くと大きくうなずいた。

「そういうことやったんか。あの新人、何を言うてるのか、さっぱり分からんかったで」

「すみません…」

「どういう教育しとんの？　Nプロジェクトは大丈夫なんか？」

Nプロジェクトは社内の注目度が高かった。新しいサービスを生み出し、企業としての転換点にしていきたい。そんな期待が寄せられていた。

「ウチの会社の命運を懸けとんのやろ？　変なことになったら大ゴトやで」

皮肉屋なところはあるが、かつてコンタクトセンター課にいた葵をNプロジェクトに推薦してくれたのは他ならぬ幸田だった。彼の後押しがなかったら、入社四年目の葵がプロジェクトに選抜されることはなかったはずだ。

「プロジェクト自体は問題ないと思うんですが、最近あんまりうまくいっていない気もして…。大路君のことだけではないんですけどね…」

「なんや、歯切れ悪いな」

「うーん、実は…」

葵は資料作りのイマイチさや社内のコミュニケーションで苦労していることなどを幸田に一気に伝えた。普段よくしゃべる幸田も、珍しく黙って聞いている。葵が話し終わると、幸田は頭をさすりながら、口を開いた。

「ちょうどええ試練やないか。壁がないとおもろないからな。それでどういう対策をしとるんや？」

「うっ……」

「ん？　会議改革のときみたいに、何とかしようと動き回っていないんか？」

葵は以前、部署の会議の在り方に疑問を持ち、父の力を借りながら改善を試みた。幸田はそのときのことを言っているのだ。

「そういう意味では、今はまだ何も……」

葵の自信なさそうな声を聞いて、幸田は大げさに体を揺らしてみせる。

「意外やな。我慢しないでいろいろやってみるのが鈴川らしいところやと思ってたんやけどな。俺は鈴川が抜けた後も、コンタクトセンター課で会議ファシリテーションをしっかりやっとるで」

葵が返答に詰まっていると、幸田は皮肉屋らしい二の矢を継いだ。

「愚痴を言うためにコールセンター課を抜けて、Nプロジェクトに行ったんか？　お行儀のいいお嬢ちゃんに逆戻りしとるんちゃうか？」

「そんなことは……」

「まぁ、ええけどな。用件は済んだやろ？　次の会議行くわ」

幸田は葵にヒラヒラと手を振りながら、行ってしまった。

残された葵は、複雑な表情を浮かべている。大路の尻拭いをしに来たはずなのに、カウンターパンチを食らった気分だ。（何とかしたいとは思うんだけど…。会議のときとは違うと思うし…。正解もよく分からないし…。うーん…）

会議改革のときは、自分から変えていく勇気を持てた気がした。そして周りをうまく巻き込むこともできた。同じように会議に悩む仲間がいたからだ。でも今は、社内のコミュニケーションで悩んでいるのは自分一人なんじゃないかと思えてくる。

――新たな一歩を踏み出すのは、一瞬勇気がいるかもしれない。でも、踏み出さないってことは、一生我慢するということだと思うの。モヤモヤするなら、行動してみたら？――

以前、葵の背中を押してくれた忘れられない一言だ。今の自分は、どんな状態なのだろうか。

「でも、まずは資料を仕上げなきゃ」。現実に引き戻された葵は、急ぎ足でプロジェクトルームに戻った。今日はまだまだ家に帰れそうにない。

第2章

一枚ものの資料作り

——週末のお昼。怒涛の一週間を乗り越えた葵は、自宅のダイニングにいた。毎日プロジェクトで忙しいだけに、週末はほっとひと息つける貴重な時間だ。

「母さん、今日は新作メニューじゃないか？　味付けが絶妙だな。うまい！」。葵の目の前でうれしそうな声を上げているのは葵の父、鈴川義経だ。企業の変革プロジェクトを手伝うのが父の仕事で、鈴川といえば業界で名の通ったコンサルタントらしい。葵は以前、グダグダ会議の相談に乗ってもらったが、確かにそのときの切れ味は抜群だった。

だがオフのときは別人のようにヌケている。まずもの覚えが悪い。

「これおいしいなあ。海苔の香りと味噌っぽい風味がいいね」。野菜の海苔巻きと呼ぶのが適切な食べ物をせっせと口に放り込みながら、父がうれしそうに言う。

「ベジロールね。中に入ってるのは味噌と醤油麹とごま油のペーストよ。具は野菜だけだから、かなりヘルシーよね」

「へえ。一見淡白な野菜に見えるけど、パンチがあるよね」

「それはよかった…。前も同じこと言ってたけどねぇ…。これを出すのは三回目よ」。葵の母があきれ顔で言った。

「え、ほんと?」

「本当よ。でも毎回新鮮な反応で、そこまでいくとむしろ感心するわ。しかも毎回感想が全く同じなの。そのブレなさがすごすぎるわ」

「そうだったのか…。まあ、いいじゃないか。おいしいんだから」。父は覚えていないことなど意に介してないようだ。

「そうね」。母がニコリとしながらつぶやく。母の対応も慣れたものだ。

葵は父と母の三人暮らし。こんな調子で、家族はかなり仲がいい。

「ところで例のプロジェクトはどうなんだ? 予定通りなら、そろそろサービスのコンセプトが固まったころじゃないのか?」

「料理は覚えていないのに、仕事のことはバッチリ覚えているのね」。葵が感嘆の声を上げる。

父はプライベートではユルユルなのに、ビジネスの話になると記憶力が飛び抜けている。職業病なのか、メリハリが効いているのか。こういう人をとがった人間というのだろうか。

「プロジェクトは、ぼちぼちかな」。葵はプロジェクトの状況を思い出しながら、気のない返事をした。同時に過去の記憶がよみがえる。

「ねえ、お母さん。昔よく、お父さんに資料作りを手伝ってもらったって言ってたよね？」。葵が小さいころは母も働いていて、仕事の相談をしょっちゅう父にしていた記憶がある。

「そうね。お父さんにはいろんなことを手伝ってもらったわよ。私設コンサルタントみたいだったわ」

「そうだったな。家に帰ってくると、真剣な顔で相談されるんだよ。『この資料、どう作ったらいいの？』って。そこから先は父さんが作るんだけどな」。笑いながら父が言う。

葵は一人で小さくうなずいた。（これだ。なぜ今まで気がつかなかったんだろう）

「私も相談に乗ってほしい！」。実は西山課長からまた、新たな資料作成を頼まれていたのだ。

「自分でやれよな」。父は顔をひきつらせる。

「いいじゃない。話を聞いてあげたら？　私もあのときは本当に助かったし」。母が楽しそうに口を出してくる。「前も葵と二人でそんなことをやっていたわよね？」

「あのときは会議ファシリテーションの話だったな。今度は資料作りか…」

「うん、とりあえず資料」

「とりあえずって、何だよ」

「他にもいっぱいあるんだけど、今一番困っているのは資料作りなの。課長に新しい業務プロセスをまとめてくれって頼まれていてね…」

「ちょっと待て待て。これ食べ終わってからな。しまった…。ヤブヘビだったな…」

――数分後、母が食器を洗う横で、父と娘は一緒にパソコンをのぞき込んでいた。

「こんな感じなんだけど、どう?」。葵は自分が作った資料を父に見せながら、自分なりの考えを話してみた。

「この辺りの文章がしっくり来なくて。ここ

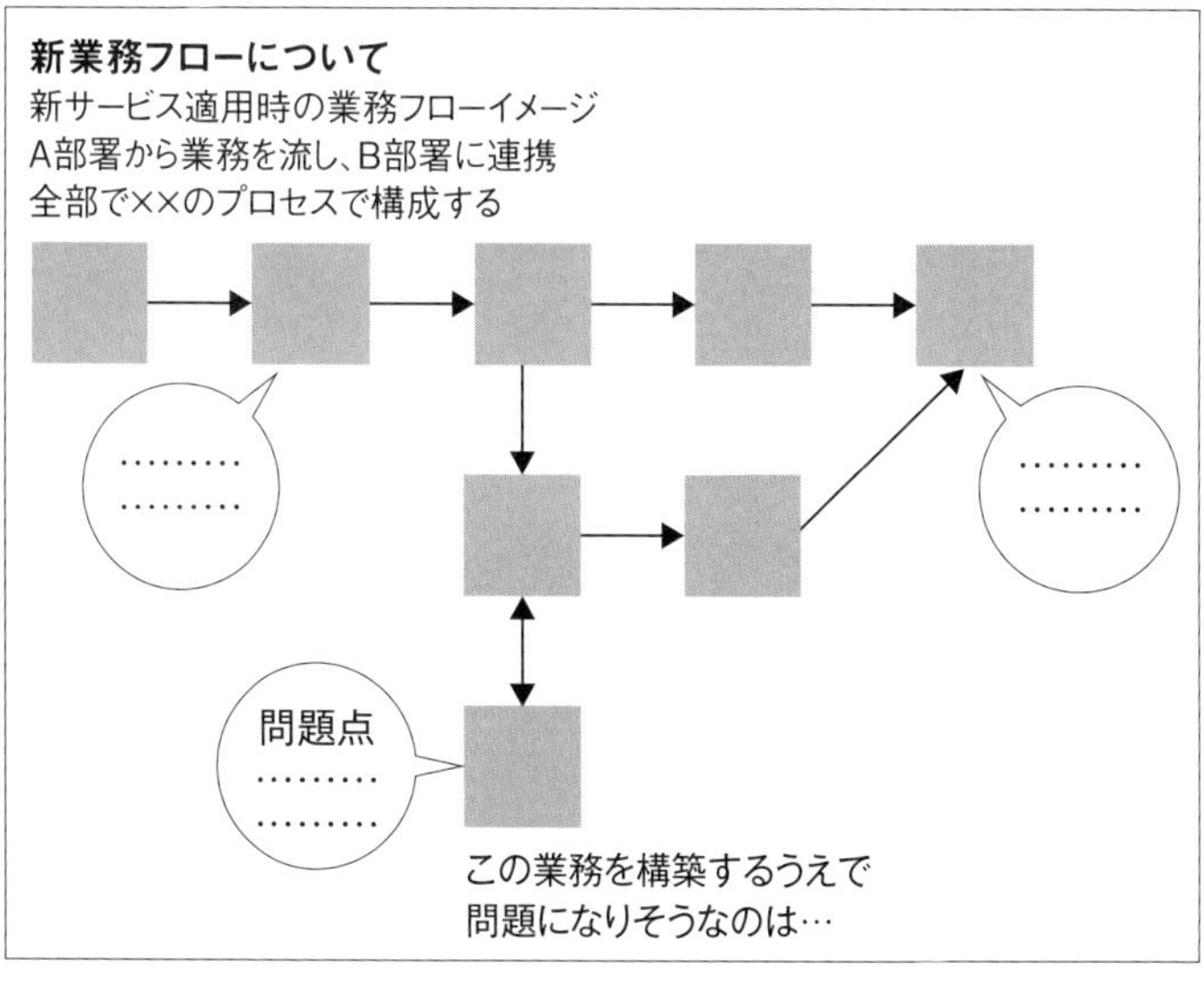
新業務フローについて
新サービス適用時の業務フローイメージ
A部署から業務を流し、B部署に連携
全部で××のプロセスで構成する
………
………
………
………
問題点
………
………
この業務を構築するうえで
問題になりそうなのは…

も図にしたらいいんじゃないかと思うんだけど…」

きっと西山課長みたいに赤ペンで指摘が入るはずだ。もう慣れっこだから、どんとこい。葵は腕組みをしてみせた。しかし父の反応は、葵の予想とは全く違うものだった。


「まあ、図や文章はとりあえず、どうでもいいんだよ」

「え？」

「些末な話だから。それより、この資料を見る人は誰？　見た人に何て言ってもらいたいの？」

「どういうこと？　資料の作り方の話をしたいんだけど」


父はパソコンから顔を動かさず、目線だけを葵に向けた。

「ああ…。そうか…。うん。まあ、そうなるよな。でもね、だからダメなんだよ」

葵は「訳が分からない」という顔をしている。

「文章の書き方とか、図の話をしたいって言ってるじゃない」

「まあ待て待て。ダメな資料はあるところを見ると、一発で分かるんだ」

「どういうこと?」。葵の声にだんだんいら立ちが混じってきた。父は一呼吸置いて、葵の目をじっと見てから、ゆっくり話し始めた。

「いいかい。資料で大事なのは、図や文章じゃない。**伝えたいことがあるか、ないかだ。**この資料にはそれがないんだよ」

「伝えたいことって…。一応あるつもりなんだけど」

「それを教えてくれ。誰に何を伝えたいのかな？」

「えっと…、次の会議に参加する人たちに『新しい業務フローを作りました』って伝えたいのかな…」

「なるほど。だとしたら、それを真っ先に書いてほしいんだよ」。父はそう言いながら、資料を指さした。

「この資料には『新業務フローについて』としか書いていないから、新しい業務フローの何について話したいのか、全然分からない」

「うーん。何となく分かるけど、別に書いてなくてもいいんじゃないの？　そんなの資料を見たら分かるでしょ？」

「そうか…。ちょっと別の例で考えてみようか」

父はノートを取り出して、絵を書き始めた。

「もし父さんがこんな感じで『りんごについて』というタイトルの資

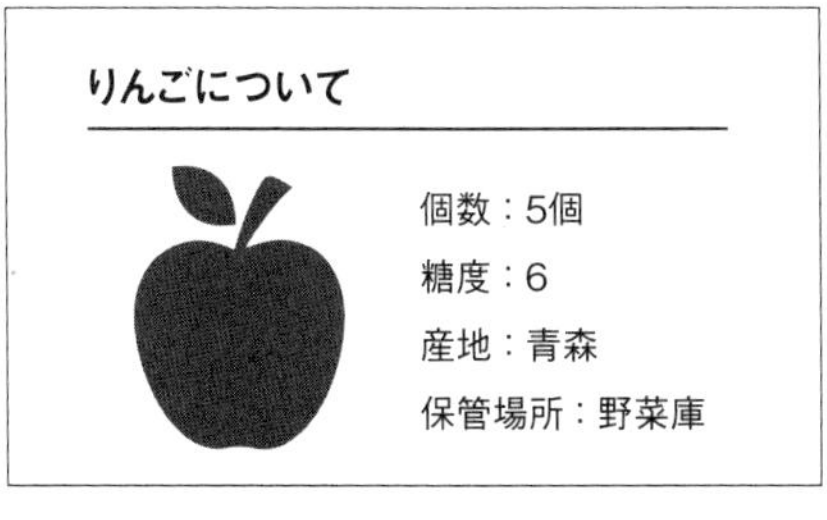

料を作ったとしよう。この資料では、ウチにあるりんごの数や甘さなどを説明している。これを見て、どう思う？」

「それで？　何が言いたいの？って思うかな」。葵が首をひねりながら答える。

「だろうね。でも実はこの資料では『このりんごはおいしいから、ぜひ食べるべし』と伝えたかったんだよ。伝わらないか？」。父は肩をすくめてみせる。

「この資料じゃ伝わらないよ。てゆーか、それを書きなよって感じ」

「それだよ！『りんごを食べるべし』と伝えたいんだけど、それがどこにも書かれていないから、何が言いたいの？ってなるわけだ」

「うーん。そう言われると、そんな気もするけど…。つまり、この資料で言いたいことが、どこにも書かれていないことがダメな資料の印ってこと？」

「そういうことだ」。父は当然だろと言わんばかりだが、葵はまだモヤモヤとしている。

「ということは『新しい業務フローについて』を『新しい業務フローを作りました』に書き換えればいいってことなの？」

「そうだ。**伝えたいことを一番目立つところに書いておくのが、資料の鉄則だ。キーメッセージという言い方もする。**伝えたいことをわざわざ隠しておく必要はないんだからね」

「それはそうね」

そう言われてみると、一行目に言いたいことを書いておくのは大事な気がする。(それは分かった。でもなあ…)。葵はまだ釈然としない。一行目に言いたいことを書くだけで、資料が劇的に良くなるとは思えない。

「でもな」。父には葵の心の声が聞こえているかのように、話を続けた。

「キーメッセージがいい加減だと、全て台無しだ。正直に言うと『新しい業務フローを作りました』ということが、ここで本当に伝えたいこととは到底思えない」

「え？　でも課長はそんな雰囲気だったけど」

「いやいや、雰囲気って」。右脳派の葵と左脳派の父のやり取りは、いつもこんな感じだ。父が具体的な例を挙げて説明を始めた。

「例えば、新しい業務フローを作りました。変更点はここなので、間違えないようにしてください、とか。新しい業務フローを作りました。これで業務上の問題が生じないか確認してください、とか。新しい業務フローを作りました。現場のメンバーに周知してください、とか。そういうことが本当に伝えたいことなんじゃないのか？」

「うーん」

「この資料を見せて、本当に伝えたいことは何なのか？　それがキーメッセージになる。『新しい業務フローを作った。それで何？』が大事なはずだ」

葵はミケンにシワを寄せながら、必死に頭を動かしている。

「でも…。ちょっと待ってね…。例えば、『新しい業務フローを作りました』という事実だけを伝えたい場合だってあるんじゃないの？」

「あるかもしれない。でもそれだと、葵の作業結果をただ伝えているだけにならないか？　作業日報ならそれでいいけど。作業報告をしたいのか？」

「いや…。そういうわけじゃないな…」

「だろ？　だとしたら、業務フローを作ったからどうなんだっていう話があるはずだ」

「そう言われると、そうかも…」。葵の思考がぐるぐる動き出す。

「結局、業務フローを作った後、何がしたいんだろう？　今ひとつハッキリしないというか、私が知らないだけなのかも。課長に確認していないし…。資料を作ってと言われただけだから…」

「それそれ、それがマズイんだよ」

不思議な感覚だった。今は資料作りの話をしているのか。父は資料に赤入れするどころか、ほとんど何も見ていない。

「それで？　一言で言うと、何を伝えたいんだ？　『新しい業務フローを作りました』と伝えて、相手に何と言ってもらいたいんだい？」

「うーん…。正直よく分からない…。うーん。そうか…。そこなのか！」。葵は思わず頭を抱えた。途端に父が言っていることがもっともに聞こえてきた。課長はこの資料を私に作らせて、何をしたいんだろうか？

「それが分からないなら、これ以上やっても意味がない。これまでの話をざっとまとめると、こういうことになる」。そう言うと、父はノートを一枚めくる。

「資料は何かを伝えるためにある。**だからキーメッセージが主役で、図表はおまけなんだ。**そう考えると、キーメッセージがない資料は、それだけでイマイチと言わざるを得ない」。そう振り返りながら、ノートに話を整理していく。

「こういう、一枚ものの資料作りの場合、3つのStepで作るんだ。まずStep1でやるべきことは…」。父がノートにＳｔｅｐ１と書き込む。

Step1 伝えたいことを明らかにする

「この資料で伝えたいこと。つまり、キーメッセージをスライドの一番上に書くこと。これだ」

葵はノートに目をやった。「うん。そこはいいんだけど、やっぱり『伝えたいこと』って難しくて。どうすればキーメッセージをハッキリさせられるのかな」

「それは課長に聞くしかない。資料を作らせようとしているのは課長なんだろ？」

「そうね…」。と言ったものの、どう尋ねれば、課長から的確な答えを引き出せるのか、全然ピンとこない。それを察したかのように、父が水を向ける。

「聞き方が分からないって顔だな？」。葵は黙ってうなずく。

「確かに上司に向かって『この資料で言いたいことは何なんですか？』とストレートに聞いても、会話が成り立たなくなる可能性は高い」。父は少し間を置いた。

「キーメッセージを確認するコツは、三つの質問をぶつけてみることだ」

一枚ものの資料作りの3つのStep

- 資料は何かを伝えるためにある
- だから、伝えたいことが主役であり、図表はおまけ

Step1：キーメッセージを資料の一番上に書く

コツ：キーメッセージは3つの質問で明らかにする

Q1. これは××さんに見せる資料ですよね？
Q2. 結局、この資料で「××」ってことが伝えたいんですよね？
Q3. その結果、「××」と言ってもらえればいいんですよね？

（三つの質問！）。葵の目がキラリと光る。父のノートに、三つの質問が書き足された。


Q１．これは「××」さんに見せる資料ですよね？

Q２．結局、この資料で「××」ってことが伝えたいんですよね？

Q３．その結果、相手に「××」と言ってもらえればいいんですよね？


「最初の質問で、この資料を見るのは誰かを確認する」

「誰が見るかか。言われてみれば当たり前だけど、確かに確認していないな。これは課長に聞きやすいかな」

「そうだな。次に『結局、伝えたいことってこれですよね？』という感じで、質問をすればいい」

「うーん。まあ、それも聞けなくはないか…」。葵は父のノートとにらめっこしながら、課長に質問をしている自分の姿を想像した。

「『伝えたいことは何ですか？』とストレートに聞くと、ズレた答えが返ってくる可能性がある。

だから、まずは自分なりに考えて、それから確認するのがいいよ」

「なるほどね。例えば、『この資料では、りんごがおいしいから食べてみてってことが伝えたいんですよね？』って感じ？」

「そうそう。結局上司も何を伝えたいのか、大して考えられていないことがよくあるしね。それに『で？　何を伝えたいんですか？』と、自分を突き上げてくる敵のような部下よりも、『こうだと思うんですが、合っていますか？』と、自分の足りない部分をサポートしてくれる部下の方がいいだろ？」

「サポートか…。確かにそうね」

「最後に三つの目の質問で、相手にどういうリアクションをしてほしいのかを聞くんだ。『その結果、そんなにおいしいの？　じゃあ、一つ食べてみようかな、と言ってもらえればいいんですよね？』って感じかな」

葵は宙を見上げ、考えを巡らせる。「なるほどねえ。『この資料では、新しい業務フローの変更点はここですと伝えたいんですよね』と聞くとか？」

葵は父の話をただ聞くだけではなく、聞いたことを自分なりに咀嚼《そしゃく》して、口に出してみた。

「バッチリだ。仮に葵の考えが間違っていても問題ない。自分なりの考えをぶつけてみることで、課長の考えを引き出せる。そんなイメージだ」

「考えを引き出すか。会議ファシリテーションと考え方は一緒なのね。一度やってみる」

「そう、早速トライだ。さて、もういいだろ？　コーヒーもできたみたいだし。今日の授業はここまで」

ダイニングには母が淹れた食後のコーヒーの香りが漂い始めていた。

父の日記①

昔、母さんの資料作りをよく手伝ったが、娘の手伝いまでやることになるとはな。血は争えないということか。

さて、葵に伝えそびれたことは、忘れないようにメモしておこう。最近よく「話が長い」とか、「その話は前にも聞いた」とか言われるからなあ。

◆誰も資料作りを教えてくれない

会議もそうだが、資料作りのコツをしっかりと教えている企業は本当に少ない。あるとしても、資料の見た目や図表の使い方の研修がほとんどだ。それは本質ではなく、デザインの話に過ぎない。

現場では気まぐれな指導しかされない。「資料を作ったら、上司が赤入れをしてくれる。そこから学べ」という状態がほとんど。しかも赤入れして直す上司も同じように過ごしてきたから、ツボを押さえたレビューができない。

文章の「てにをは」や見た目の指摘を繰り返し、部下は言われた通りに資料を直す。レビューに多くの時間をかけて、資料がやっと完成する。ところが、課長からＯＫが出ても、その上の部長からまた全然違う指摘が来て、表現を変えさせられる。そんなことは日常茶飯事だ。何という無駄だろう。きちんと教わっていれば、資料作りなどどうということないのに。

◆**全ての源泉は「伝えたいこと」**

葵にも言ったが、**資料の目的は「何かを伝えること」にある。**資料を通して何を伝えたいのか、読んでいる人からどういう感情を引き出したいのか。どんな行動を引き出したいのか。それが全ての軸になる。「伝えたいこと」を伝えるために資料はある。

しかし、資料作りを部下に頼んでいる本人さえ、「伝えたいこと」がハッキリしていないケースが非常に多い。何となく資料作りを依頼している。これがグダグダな資料を生む元凶だ。伝えたいことがハッキリしないなら、資料を作るのはやめた方がいい。

◆**上司から引き出すことを楽しむ**

まれにだが、「伝えたいことを考えるのは、上司の仕事。私は指示を受けて作業をする人。だから私が上司から伝えたいことを引き出すなんておかしい」と感じる人もいる。葵がそうかは分からないが。

「これは上司の仕事。私の仕事じゃない」というのは、ある意味では正論かもしれない。

でもあまりにもったいない考え方だ。

「上司が仕事をしていない！」とイライラすることもできるが、いくら部下がイラついても上司は変わらない。**むしろ「自分が考える余白がそこにはある」と前向きに捉えてみると、感じ方が劇的に変わる。**仕事が楽しくなるはずだ。

上司から意図を引き出すという仕事が増えるかもしれない。でもそれにかかる労力なんて微々たるもの。ちょっとした気持ちの持ちようで何とでもなる。上司に言われたことだけを粛々とやるのは仕事ではない。それはただの作業だ。自分の役割を越えて、本来の仕事を楽しんでもらいたい。

◆口頭でもメールでも原理・原則は同じ

今日は資料作りの話が中心だったが、口頭やメールでのやり取りにも話が発展するかもしれないな。結局、資料もメールも口頭も、全て「伝える」という目的を達成するための手段でしかない。だから伝えるために押さえるべきことは全て共通している。

課長から「伝えたいこと」を引き出す

――伝えたいことが大事。葵は会社に向かう道すがら、父の言葉を頭の中で繰り返していた。

（そんなこと考えもしなかったな。でも仕方ないよね。よく考えてみると、課長も資料の見た目ばかり気にしているし、誰も資料作りのコツなんて教えてくれなかったしなあ）

グルグルと思考を巡らせながらエレベーターに乗り込み、二十四階のボタンを押す。朝の出社ラッシュのせいで、エレベーターは満員。しかも各フロアに止まる各駅停車状態だ。

（私の資料作りも各駅停車よね…。赤入れされて、直して、赤入れされて…。その繰り返し。課長に「伝えたいこと」を確認したら、スパッと目的地に到達できるのかな）

ようやく職場にたどり着くと、葵は父との会話をもう一度思い出しながら、ノートパソコンの電源を入れた。

「新しい業務プロセスを資料にまとめること」。これが課長から依頼されていることだ。

（プロセスを資料にまとめるだけなら、やることは割りとシンプルなんだけどな。でも業務プロセスを整理することで、何を伝えたいんだろう？）

作りかけの資料を眺めながら、あれこれ考えてみる。（そもそもこれって、次の会議で使う資料よね？　てゆーか、そこから分かってないのよね、私。今度の会議には関連部門の人たちを呼んでいたから、きっと「新しい業務はこんなプロセスで流れるんです。よろしくね」って伝えたいのかな？）

思い付いたことをノートに書き出しながら、考えを巡らせていると、西山課長が出社してきた。

「おはよう。鈴川さん、早いね。ん？　朝から何をそんなに難しい顔をしているの？」。ノートをのぞき込みながら、西山が葵に声をかける。これはチャンス！　葵は課長に自分の考えを早速ぶつけてみることにした。

「課長、今私が作ってる資料なんですが」

「ああ、あれね。どう？　できた？」

「いえ。資料を作っていて、ちょっと確認したいことがあるんです。私がちゃんと理解していなくて申し訳ないのですが…。ええっと、この資料を見るのは次の会議に来る関連部門の人たちですよね？」

「そうだよ」


　葵は「そうですよね」とうなずきながら続けた。

「だとすると、関連部門の人たちには『新しい業務はこんなプロセスで流れるんです』ってことが伝わればいいんですか？」

　西山はキョトンとした顔をしている。

「うーん、そうだな…。新しい業務プロセスを理解してもらいたいんだよ、そうそう…」と言いながら、少し首をひねっている。「そういう意味では合っているんだけどな…」

「何か引っかかりますか？」

「うーん。何だろうな…。プロセスを理解してもらいたいんだけど、えーっと…。次の会議では新しい業務プロセスでリードタイムを二日に短縮できるかを議論したくてねぇ…」

　西山の口から、リードタイムという新しい話が出てきて、葵は思わず息を飲んだ。

「そうなんですね！　でもなぜ二日に縮めるんですか？」

「今回の新サービスでは、サービス提供までのリードタイムが重要になるだろ？　二日のリードタイムが実現できないと、サービスとしての訴求力が落ちてしまうと思っているんだよね」

「そういうことですか！」。これでピンときた。だとしたら…。

「じゃあ、伝えたいことは、新しい業務プロセスの流れというよりは、『新しい業務プロセスを二日のリードタイムで実現したい』ということですか？」

「そう、そうなんだよ」

「ということは…、この資料を見た人たちに『このプロセスならリードタイム二日でやれそうだ』と言ってもらえればOKってことですよね？」

「そうそう。いいねえ、鈴川さん。それで頼むよ」

葵はこのやり取りで、目の前の霧が晴れた気がした。

——その夜。自宅に戻った葵は食事をさっさと済ませ、父が帰ってくるのを心待ちにしていた。父が戻って晩ご飯を食べ始めるやいなや、葵は興奮気味に西山とのやり取りを報告し始めた。

「——という感じだったの！　お父さんに言われた通りに聞いてみたら、課長が答えをくれたっていうか、課長と一緒に考えが深まった気がして。それでね。新しい話が出てきたの、リードタイムだって。そんな話は聞いてなかったのに。本当にびっくり！」

「それは良かった。葵が課長に問いかけたことで、ボヤッと考えていたことがハッキリしたんだろうね」。父はビールをあおりながら、うれしそうに話を聞いていている。

「課長が伝えたかったことは、私が考えていたことと結構違ってた。あのまま資料を作っていたら、どうなっていたことか」

「そうだろ？　だから伝えたいことがハッキリするまでは、手を動かしちゃダメなんだ」

「そうかも。それで次はどうすればいいの？　Ｓｔｅｐ２は？」。葵は身を乗り出して、父に迫る。

「おいおい、まだご飯を食べているんだけど。ちょっと待ってくれよ」

「待てない！　お父さん、すぐに酔っ払っちゃうでしょ。で、次は？」

葵は勢いがつくと止まらない。この辺りは父親譲りなのだろう。「やれやれ、ノートとペンを持ってきてくれないか」。父は観念して言った。父のノートを持ってきた葵を隣に座らせ、前回の内容をまず確認する。


「Ｓｔｅｐ１は、キーメッセージを資料の一番上に書くだったね」

そう言いながら、父はノートの右側のページに、パワポのスライドを模した長方形を描き始めた。「スライドのタイトル部分にそのまま、キーメッセージを書けばいい。『新しい業務プロセスで二日のリードタイムを実現したい』ってね。こんな感じだ」

「そのまま書くの？」

「そうだ。これでパワポのスライドタイトルは完成だ。次はスライドの中身を作っていくんだけど、**タイトルを書けた段階で資料作りの七〇パーセントは完成なんだよ**」

「大げさじゃない？　たった一文、書いただけじゃない」。葵が口をとがらせる。

「やれやれ、まだ分かってないのか？」

「どういうこと？」。父の一言で、葵はさらに口をとがらせる。

「いいか？　このキーメッセージだけで、勘のいい人なら『おお、いけるよ。リードタイムを二日にするんだろ？　俺も前からそう考えていたんだ。問題ないよ』って言ってくれるかもしれない。だろ？」

葵は父の言葉に「え？」っという表情を返した。

「資料を作らなくても済むなら、それでいいじゃないか」

「うっ…。確かにそうかも…。その可能性はゼロではないよね」

「そうしたら、資料の中身なんて作る必要はない。これでおしまい」

「伝えたいことが伝わるなら、中身なんて作る必要がない…」。葵は軽いめまいを覚えた。確かにそうかもしれない。

新しい業務フローで、リードタイム2日を実現したい

一枚ものの資料作りの3つのStep

- 資料は何かを伝えるためにある
- だから、伝えたいことが主役であり、図表はおまけ

Step1：キーメッセージを資料の一番上に書く

コツ：キーメッセージは3つの質問で明らかにする

Q1. これは××さんに見せる資料ですよね？
Q2. 結局、この資料で「××」ってことが伝えたいんですよね？
Q3. その結果、「××」と言ってもらえればいいんですよね？

今まではきれいな資料を作ることだけに腐心していた。**でも伝えたいことが伝わるなら、資料なんて作らなくていい。**葵にとっては衝撃だった。まだ資料は全然できていないのに、資料に対する自分の考え方が、根こそぎ崩れ去っていく気がした。

Step2 キーメッセージを支えるボディーを考える

「そうは言っても、多くの場合は中身を作る。ボディーと言われる部分だ」

父はノートに視線を落として、Ｓｔｅｐ２と書き加えた。どうやら、ボディーを書くのが次のＳｔｅｐになるようだ。

「キーメッセージを補足するボディーを考える」。段々、父のノートがにぎやかになってきた。

「**ボディーの図や表は、あくまでもキーメッセージを伝えるための『脇役』だと考えるのがコツだ。**キーメッセージを伝えるために必要な補足をする役割、つまり主役じゃない」

「その考え方、なかなか難しいよね。普通は図表が主役だから。いきなり脇役ですって言われてもなぁ」

「そうかもしれないが、これは慣れるしかない。キーメッセージのために図表を添えるという感覚だ」

「私が作った資料にはキーメッセージがない。確かに図や表が主役になっている感じがするね」

「そういうこと。だからキーメッセージがない状態でボディーを考えると、漏れなく道に迷う」

「あー。それは納得…」

「それでボディーを考えるコツなんだが…」。父はペンとはしを忙しく持ち替えながら、話を続ける。

「キーメッセージに加えて、何があると伝わりやすいか？　キーメッセージだけだと、相手にどんな疑問を持たれそうか？　それを自問自答しながら考えるといい」。ノートに「問い」が書き込まれる。

「うーん」。葵は早速、自問自答を始めた。「新しいプロセスでリードタイムを二日に短縮したいと伝えて、どんな疑問を持たれそうか。何があると分かりやすいか…」

父はその様子を黙って見ている。普段はよくしゃべる父だが、相手が考えているときには口を挟まない。

葵の考えが少しずつまとまってきたようだ。

「えっと、キーメッセージだけ見せられたら、『どこからどこまでが二日なんだろうか？』って思うかな」

「うんうん。他には？」

「あとは『どの部署の負担が大きくなるのかな？』とか、『今と今後ではどう違うのか？』とか。結局どう変わるのかを知りたい気がする」

「いいじゃないか。だとしたら、その疑問に答えられるようにボディーの構成を考えればいい」

父の言葉に導かれるように、葵の脳がフル回転し始めた。葵の真剣な顔つきを見て、父はニヤニヤしながらペンを渡した。

「試しにここに、ラフスケッチを書いてみな。細かく書く必要はないよ。資料の構成が分かるレベルでいい」

「そんなの簡単に言うけど…」。葵の腰が引けているのを見て、母が横からピシャリと言った。

「やって見る前から何を言ってるの？　書いてみなさいよ。お父さんをちょっとは開放してあげてね。今はペンじゃなくて、おはしを持ってほしいんだから」。確かに父の食事は全然進んでいない。

「そうだそうだ。書いてみな、あっ」。はしに持ち替えた父が早速、ご飯をこぼしている。

「やだ、もう、お父さんたら」。母はそう言いながら、手慣れたものだ。すぐにご飯を拾い上げる。

「本当に不思議よね、仕事はきっちりできるのにね」と、母が軽口を言う。

「うーん。考えてみるけど…。何から書けばいいのかな」

葵は母がテーブルを拭くのを眺めながら、考えをまとめてみる。

「今までは単に、将来の業務プロセスを書いただけだったけど、それに加えて今のプロセスとの違いを明記した方がいいのかな」

「いいね」

「あとはリードタイム二日間のスタートとエンドをハッキリ書くとか。タスクを部署ごとに分けて書くとかかな？」

「いいじゃないか、完璧だな」。父は小鉢をはしで引き寄せながら葵を褒める。

「お父さん、お行儀悪いわよ」。すかさず、母からツッコミが入る。

父は「しまった」という顔を見せるが、葵は二人のやり取りを無視して、「こんな感じでいいの？」と父に聞き返した。

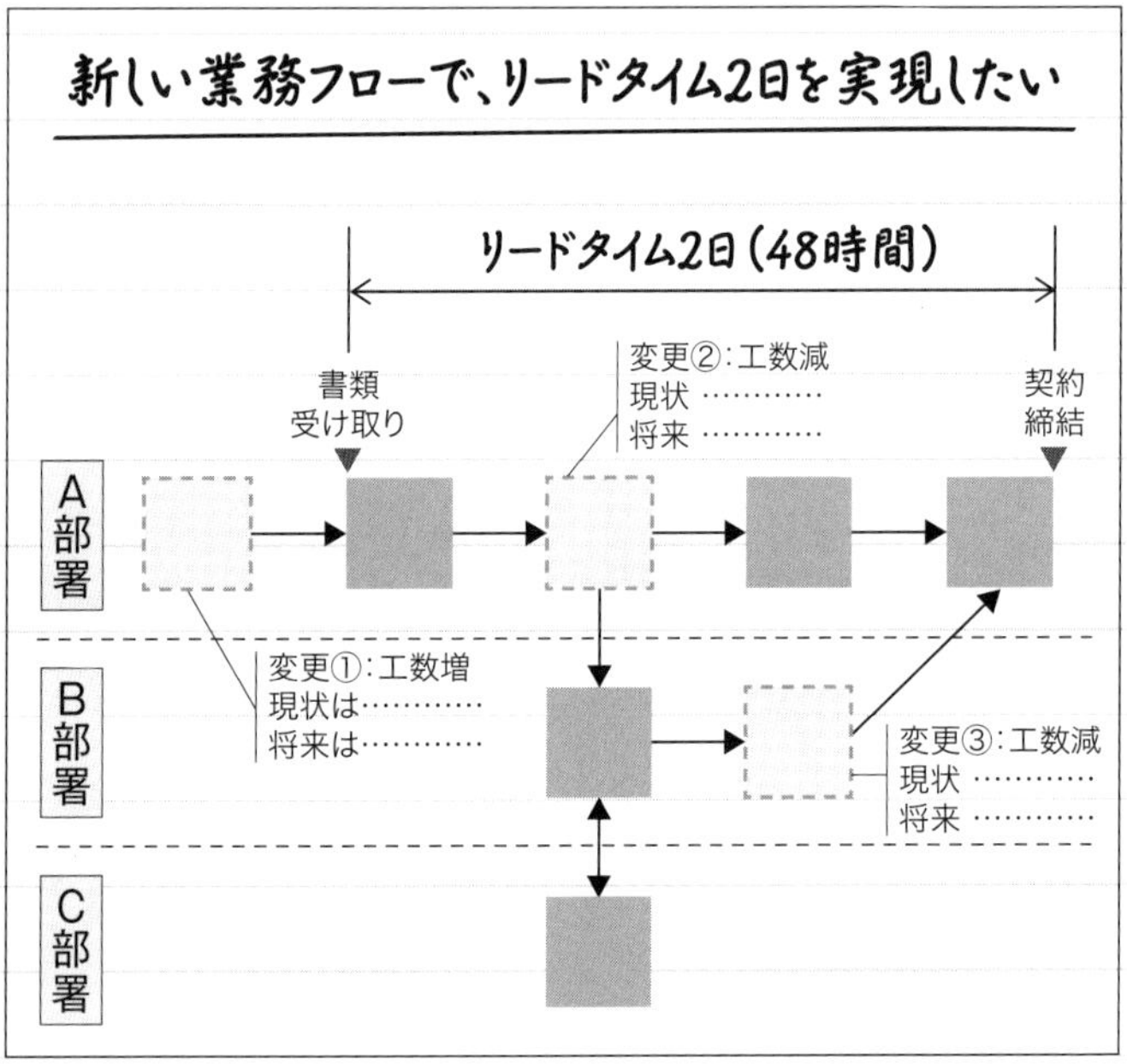
新しい業務フローで、リードタイム2日を実現したい
リードタイム2日（48時間）
書類
受け取り
変更②：工数減
現状 …………
将来 …………
契約
締結
A部署
B部署
C部署
変更①：工数増
現状は…………
将来は…………
変更③：工数減
現状 …………
将来 …………

一枚ものの資料作りの3つのStep

- 資料は何かを伝えるためにある
- だから、伝えたいことが主役であり、図表はおまけ

Step1：キーメッセージを資料の一番上に書く

コツ：キーメッセージは3つの質問で明らかにする

Q1. これは××さんに見せる資料ですよね？
Q2. 結局、この資料で「××」ってことが伝えたいんですよね？
Q3. その結果、「××」と言ってもらえればいいんですよね？

Step2：ボディーを考える

コツ：図表はあくまで補足・脇役と考える
コツ：2つの質問で自問自答する

Q1. キーメッセージに加え、何があるともっと伝わりやすいか？
Q2. キーメッセージだけだと、どんな疑問を持たれそうか？

「ＯＫ。ほら、ラフスケッチを書いてみて」。父に促されるまま、葵はノートにペンを走らせる。

「これまで書いていた業務プロセスはこんな感じよね。それにさっきの要素を書き足すと、こんな感じになるのかな？」。父のノートに葵の手書きのラフスケッチが現れた。

「いいじゃないか。前の資料と比べてごらん。ちょっと変わっただけなのに、格段に分かりやすくなったと思わないか？」

「確かに。キーメッセージがあるだけで、全然違うのね。何というか、主張がある！」

「そうだ。前の資料はキーメッセージがないよな。そのうえ、何となく業務プロセスが書いてあるだけだから、伝えたいことがぼやけている」

「そうね。しかもボディーの内容も変わったし。すごく分かりやすくなった気がする」

「新しいボディーだと、二日間の始めと終わりが明記されているよな。これを見た人は『これで二日間のリードタイムを実現してほしいんだな』ということを、スッと理解できるだろう」

（なるほど、そういうことか）。葵は少しずつ、父が言っていることが理解できてきた。

Step3 電子化する

「後はこれを電子化すればいい。ラフスケッチを元にパワポの資料を作るだけ。これがＳｔｅｐ３だ」

ノートにまた、書き込みが増える。

「コツはボディーの構成が決まるまでは、絶対にパソコンは立ち上げないことだ」

「えーっ、普通は真っ先にパソコンに向かうと思うんだけど。ダメなの？」

「ダメだ」。父はニヤリとして言った。

「Ｓｔｅｐ１と２をやらずにパソコンに向かうと、本来考えるべきことをおざなりにして、資料の見た目にばかり意識がいってしまうんだ。どんな表現をしようかな、文字サイズを変えてみようかな、色はどうしよう、なんてね。大事なのはそこじゃないのに、まさに本質を見失った状態になる」

「言われてみると、確かにそうかも。でもキーメッセージがないまま、Ｓｔｅｐ３をやるなんてしょっちゅうだよ」

「だろ？　そしてパワポをこねくり回して、仕事をした気になる」

「うっ…。耳が痛い…」。葵は何とも言えない苦い顔をしている。

「**Step 1と2を考えるときは、紙を使うといい。**頭だけで考えていてもまとまらないし、パソコンを使うと細かいところにばかり目がいってしまう。だから手書きをするんだ。これだけでも仕事の速度がかなり上がるぞ」

「よく分かった。とりあえず、それでやってみる」。葵のスッキリとした表情を見た父はノートに書き込みを終えると、「今日はここまで」と言ってノートを閉じた。


──父の講義から一週間がたった。例の資料は、あの後パワポを作り直して課長に見せたら、すんなりＯＫが出た。これまでにない経験だ。


「鈴川さん。この資料、めちゃくちゃいいじゃない！　プロジェクトでもまれて、資料作りのコツをつかんだのかな？　こういう資料を他の人にも作ってもらいたいんだけどなあ」。西山は顔をほころばせている。

「ありがとうございます」。（半分は父が作ったんですが…）

「これだけできるなら、バンバン頼もうかな」


葵は母が言っていたことを思い出していた。頭の中で母の声がこだまする。

「私が作ったんじゃないんだけど、出来があまりにいいもんだから、資料作りの達人だと思われていたのよねえ。実はお父さんが作っていたんだけど」

（そういうことか。母娘で同じ状況になってるよ…）


改めて過去に自分が作った資料を見返してみると、何を伝えたいのか自分にもよく分からない。キーメッセージはもちろんない。

自分の資料だけじゃない。社内の他の資料を見ても、伝えたいことはほとんど書かれていない。

何だか父の講義の後、世界の見え方が変わった気がしてきた。

父との振り返り

葵はまた、父と向き合っていた。あの後、会社で感じたことを話したかった。このところ、休日は父と仕事の話ばかりしている気がする。昼下がりにコーヒーを淹れていた父をつかまえて、これまでの状況をマシンガンのように立て続けに報告した。

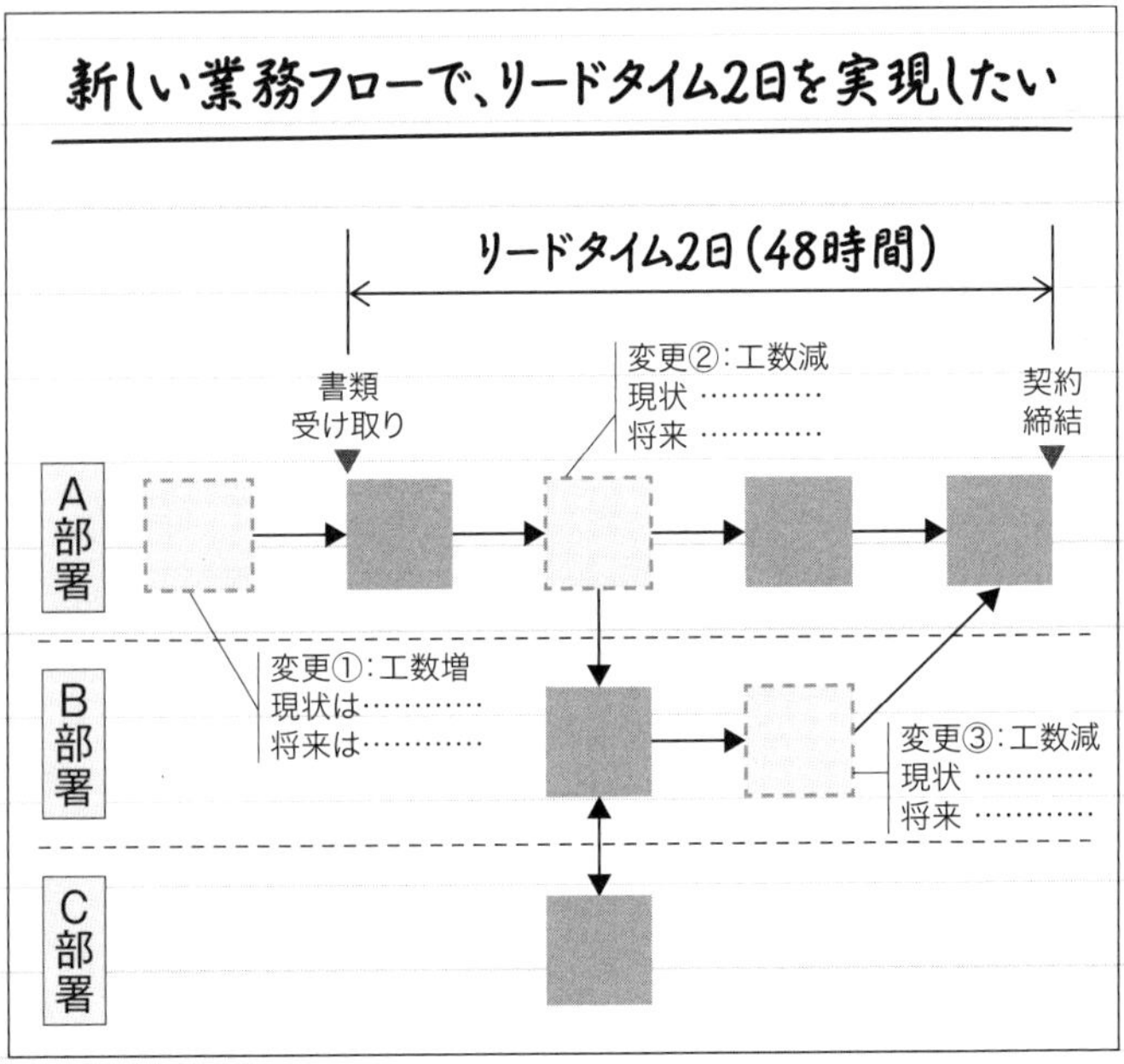
新しい業務フローで、リードタイム2日を実現したい
リードタイム2日（48時間）
書類
受け取り
変更②：工数減
現状 …………
将来 …………
契約
締結
A部署
B部署
C部署
変更①：工数増
現状は…………
将来は…………
変更③：工数減
現状 …………
将来 …………

一枚ものの資料作りの3つのStep

- 資料は何かを伝えるためにある
- だから、伝えたいことが主役であり、図表はおまけ

Step1：キーメッセージを資料の一番上に書く

コツ：キーメッセージは3つの質問で明らかにする

Q1. これは××さんに見せる資料ですよね？
Q2. 結局、この資料で「××」ってことが伝えたいんですよね？
Q3. その結果、「××」と言ってもらえればいいんですよね？

Step2：ボディーを考える

コツ：図表はあくまで補足や脇役と考える
コツ：2つの質問で自問自答する

Q1.キーメッセージに加えて、何があると伝わりやすいか？
Q2.キーメッセージだけだと、どんな疑問を持たれそうか？

Step3：電子化する

コツ：ボディーの構成が決まるまで、パソコンは立ち上げない
コツ：考えは紙にまとめて、仕上げはパソコンで

キーメッセージがない資料が、社内にあふれていること。資料作りのスピードが、以前よりも格段に上がったこと。自分が資料作りの達人だと見られ始めていること。

葵の話を一通り聞くと、父は二つのマグカップにコーヒーを注ぎながら、「いい感じだね」と満足そうに言った。父としても、こういう形で娘と会話ができるのは悪くないらしい。

「今回のケースで分かったことはあるかい?」。葵が何か新しいことを経験すると、こうして一緒に振り返りをするのが、昔からの父の習慣だ。

「えっとね。いくつもあるなあ」

キーメッセージがない資料が多すぎる

「さっきも言ったけど、社内にはキーメッセージがない資料がいっぱいあった」

「そうだろうな。父さんもたくさんの会社に出入りするけど、どの企業もそんな感じだ」

「ウチの会社だけじゃないのね。でもね、普段から資料作りがうまいなって感じてた人の資料を見てみたら、何とキーメッセージがあったの!」。葵は人差し指をピッと立てる。

「葵に教えていることは、突然降って湧いた全く新しい方法論ではない。伝えるのがうまい人が無意識にやっていることなんだ。だからある意味、当然の帰結といえる」

「なるほどね。納得感があるな。よくある『全く新しいサービス』も大抵あやしいしね」

うまい人が自然にやっていることを言語化しただけ、という言い方は、保守的な葵にはしっくりくる。

「それから、改めて資料を眺めてみて思ったんだけど、キーメッセージがない資料って、何だかノぺっとしているのよね。平坦というか。そこに主張を感じないの」

「平坦な資料か。面白い表現だな」。父はニコニコしている。

「せっかく資料があるのに、そこに主張がないから、何も引っかからずに流れてしまう感じなの。時間をかけて作った資料なはずなのに」。葵は感じたことを率直に口に出してみた。

「いいこと言うねえ。キーメッセージがない資料は、そこら辺にある物体と同じになってしまうんだ」。父はそう言うと、キョロキョロと周りを見渡して、手に持っていたコーヒーカップに目を留めた。

「例えばこのコーヒーカップは、そのままだと何も主張してこないだろ？　だから置いてあっても気にならない。でもコーヒーカップに『俺でコーヒーを飲め！　絶対に飲め！』って書いてあったら、かなり気になるよな？」。父がコーヒーカップを指さして言う。

「そりゃあ、気になるけど、極端過ぎない？」。葵は苦笑いをしている。

父の例え話はかなり極端だが、言いたいことは分からなくもない。

違いを言語化することが成長の鍵

葵の脳裏にふと、疑問が浮かんできた。

「言われてみると、『伝えたいことが大事』なんて当たり前のことなのに、どうして今まで気付かなったんだろう」

「習慣って、そういうものだよ。考えることをやめて、盲目的に目の前の作業だけをこなしていると、すぐにそうなってしまう。思考停止状態だな」。そう言って、父が首を振る。

「誰でもうまくいかなかったり、ストレスを感じたりすることがあるだろう？　そのときに黙って耐えようとする人が多いんだ。一瞬立ち止まって、うまくいくときとそうではないときの差を見つめて、違いをハッキリさせればいいのに。ついつい思考をサボって、我慢してしまう。まずは違いが生まれる源泉を押さえるべきなんだ」

「理屈は分かるわよ。でも我慢した方が楽なんだよね。それに源泉を押さえるって、すごく難しいし。そんなことができるのは、お父さんくらいでしょ?」

「簡単だよ」。父はくっと眉毛を上げた。

「良い例と悪い例をいくつもピックアップしてくればいい。そして、なぜ良いと感じるのか、悪いと感じるのかを言葉にしてみるんだ。そうやって本質的な違いはどこにあるのかを考えていけばいい」

あるべき論の話に入ると、父は途端にスイッチが入る。

「成長が早い人は、みんなこれが上手だ。誰かに教えてもらわなくても、自分で成長できるんだからね。自分の成長を他人に任せている人とは、天と地ほどの差になる。分かるだろ?」。こうなると父の話はクドくなるのが常だ。

「その話、長くなるでしょ? 資料作りの話と違うし…」

「いや、大事な話なんだよ。いいかい? そもそも人は、書籍から学ぶ、口伝で学ぶ、経験から学ぶ。この三つからしか学べないんだ。だけど結局、本や口伝で見聞きしたものは単なる知識でしかないから、実戦では使いものにならない。だから最も大事なのは、経験から学ぶことなんだ！」

葵は「しまった」と思ったが、もう遅い。一度スイッチが入ると、父の暴走はなかなか止まらない。父の話はとめどなく続く。

「しかしだ！　ただ経験すればいいってものでもない。考えながら経験し、経験から新たな考えを引き出す。新たな考えを元に、また経験する。この経験学習のサイクルが必須なんだ。これをサボっている人間が多すぎる。本を読んで勉強するだけでは、頭でっかちな人間にしかなれない！」

「…」

「葵、ちゃんと聞いてるか？　頭がいいだけの人は勉強して知識を入れて、それで何かを達成したかのような錯覚をしているんだ。でも知っていることとできることとの間には、ものすごく大きな溝がある。多くの人がそのことに気付いていないんだよ！」

「ちょ、ちょっと、お父さん。聞いてるけど、話がクドくなってきたよ」。葵が慌てて父の演説を止める。困った顔の葵を見て、父も我に返ったようだ。

「やれやれ…。話したいことはまだたくさんあるんだけどなあ。あとは日記にメモしておくよ」

父は諦めたようにつぶやいた。

父の日記②

またクドいと怒られてしまった。やれやれ、俺もトシだな。さて、今日も葵に伝えきれなかったことを整理しておくか。葵と話をしたのは主に資料を作る側の視点だが、資料をレビューする側の話も書いておこう。

◆資料のレビューが「思い付き」と「感覚」になっている

個人的な思いがかなり入ってしまうが、この際だから書き留めておこう。資料は指摘しようと思ったら、いくらでもできる。日本語の言い回しなど、ほとんど無限に指摘ができる。そして「その人基準」で一〇〇点を取らないと、ケチをつけてくる上司が必ずいる。指摘するのが趣味みたいな人だ。

これは「伝えることが目的」という本質を見失っている証拠だ。そんな上司のせいで、膨大な工数がかかってしまう。これは組織的に対処しないとダメだが、対処方法は一つしかない。

「伝えたいことが伝わるかどうか」を軸に、資料をレビューするのだ。伝えたいことが伝わらないなら、伝わるように修正すべきだ。資料レビューの観点は実はそれだけ。何色を使っていても、伝わるならそれでいい。

◆マストな指摘と趣味直しを切り分ける

「伝えたいことが誤解なく伝わる」ことを、資料作りのゴールにしなければならない。言い換えると、誤解なく伝わるなら、多少質が悪くてもいいじゃないかと考える。正しい日本語もきれいなデザインも、やり過ぎは禁物。キリがなくなる。きちんと内容が伝わるなら、質は低くてもいい。もちろん、外部に提出するような資料は別だが。

私は資料に対する指摘を三種類に分けている。

・MUSTの指摘：「これでは伝わらない」。だからこう書き直さないとマズイ
・WANTの指摘：「伝えるうえで致命傷ではない」が、こう直した方がより伝わりやすくなる
・趣味の指摘：「伝えることにはほぼ影響がない」。ただこう直した方がセンスがいい。つまり、自分好み

この三つをハッキリ分けて、資料作成者に伝えるといい。最初に「これは私の趣味だけど」と断ったうえで、資料作成者に伝えると、受ける側も対応しやすくなる。

第3章

仕事を受ける／依頼する

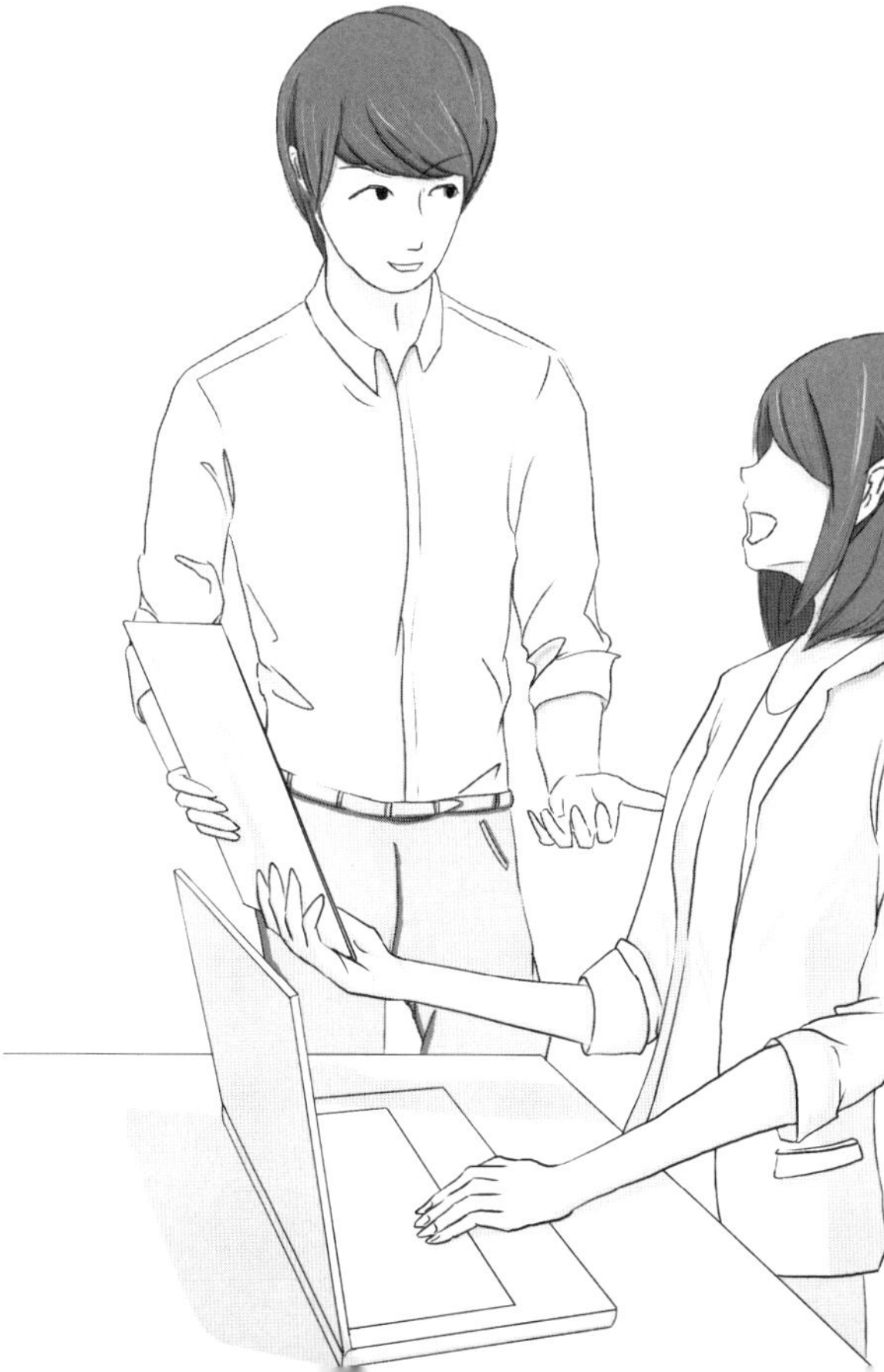

仕事を依頼する難しさ

——一枚ものの資料作りのコツを学んでから、一カ月が過ぎようとしていた。あれからちょっとした資料なら、スムーズに仕事を進められるようになった。

プロジェクトルームで走り回っている葵に、西山課長が声をかける。

「鈴川さん、新サービスと旧サービスの価格比較表を作ってほしいんだけど、お願いできる？」

何の変哲もない依頼だが、これまでのように「分かりました」で済ませるのではなく、不明な点を自分から踏み込んで最初に確認するようになった。経緯が分かっているときは自分で考えるが、突発的な依頼の場合は、課長から直接聞き出すようにしている。

「分かりました。この資料って、誰が見ますか？　何が伝わればいいですか？」。明らかに自分の行動が変化した。

「ああ、そうだよね。えっと、新旧のサービスで価格差が出てくる部分があるから、価格差が顧客の心情的に許容できる範囲なのかを確認したくてね」

「なるほど。価格差が大事なんですね。それを誰に確認したいんですか？」

「営業チームだね、柏君とか」

「だとすると『価格差は××円だが、顧客の心情的に許容範囲に入っているのかを判断してほしい』ということが伝えたいわけですね」。課長から引き出すだけでなく、自分の言葉での確認も忘れない。


このやり取りは何だか小気味よくて好きだった。課長も葵が尋ねると、その場で考えてくれる。

「そういう感じだね」

葵は大きくうなずいて、「資料を見た人が『許容できる範囲だな』と言ってくれれば最高ということですね」とダメ押しする。

「うん、そういうこと。よろしく頼むよ」

「了解です！」


うまく言えないが、コミュニケーションがかみ合っている感じがする。課長は指示を出す人、私は作る人という単なる上下関係ではなく、一緒に作っていく同志のような感じがしてきた。

だが全てがスムーズにいくようになったわけではない。課長とのやり取りを終えた直後、ふいに背後から声がした。

「葵さん」

「わっ、びっくりした。柏さん、何ですか?」。さっき名前が上がった営業の柏が声をかけてきた。柏はこの新サービス立ち上げプロジェクトに関わっている、やり手の営業担当者だ。スラッと背が高く、遊び人タイプのザ・営業という雰囲気の先輩だ。

「驚きすぎだよ。俺の方がビックリしたよ。葵さん、元気?」

「元気ですよ。忙しいけど」

「うーん。いいことだっ!」。何がいいのか分からないが、柏は満足そうにしている。

(うっ…。やっぱり、何とも言えず軽い)。葵は柏が苦手だった。

「何か用ですか?」

「いやいやいや、用事がなくても話しかけるのがコミュニケーションだろ? そうだ、片澤は元気? シリコンバレーの生活を楽しんでいるのかな?」

片澤は葵の恋人だ。付き合って二年になるが、今はサンフランシスコのサンノゼ拠点に異動になり、アメリカで仕事をしている。

「あいつは同期の中でも出世頭だからな。こんなかわいい彼女までつかまえて。ずるいよなあ」

「元気にしてますよ、きっと。でも最近あまり連絡ができていなくて…。柏さんの方が仕事で連絡を取っているんじゃないですか？」

「あ、そうかも。先週もテレビ会議やったしなあ」

「…。それで、用はないんですね」。葵が遠い目をしながら言った。

「いやいやいや、あるよ、ある。この冊子」と言いながら、柏は冊子を三つ取り出した。薄手のネットワーク業界紙だ。

「他社のサービスを紹介しているところ、コピーを取っておいてくれない？　二部ね」。こういうちょっとした仕事も、葵のような若手のプロジェクトメンバーが引き受けるようにしていた。

「えー、忙しいんですけど」。葵はちょっと考えて「大路君に頼んでもいいですか？」と切り返した。

「いいよ。明日の午前中までにお願い」。指をピッと立てて敬礼して見せる柏。

「分かりました。やっておきます」。葵は顔を引きつらせながら、冊子を受け取った。

（あの人、苦手なのよね…。コピーぐらい自分でしてよ）

葵は席に戻ると、今度は大路に声をかける。

「この冊子の他社サービスを紹介しているページなんだけど、抜き出してコピーを取ってもらえない？」

「あ、はい。了解でーす」。大路はパラパラと冊子を眺め始めた。

「ふーん。こんな業界紙があるんですね。サービスの紹介ページって、サービスを利用しているお客様のインタビュー部分と、サービスの価格表が載っている部分がありますけど、どっちですか？」

「ほんと？」。葵は冊子をのぞき込む。そして最近のプロジェクトでの議論を思い出していた。「最近、価格設定の話し合いが多いのよね。価格表の方だと思う」

「分かりました。何部ですか？」

「二部。コピーしたら、明日の朝でいいから、柏さんに渡しといて」

「あとでやっておきま～す」。大路の返事も、柏に劣らず妙に軽い。

――翌朝オフィスに来てみると、柏と大路がプロジェクトルームでドタバタしていた。

「そこじゃないよ。分かってないなあ」

「えっ、でもここって言われましたよ」

「葵さんに？」

「そうですけど」

「私？　何か問題？」。二人の間に割って入ると、柏と大路が同時に顔を向けた。

「問題だよ」

「コピーのことですよね？」

「そう。価格表をコピーしてもらっても意味がないんだ」。柏が片方の眉毛をつり上げながら、肩をすくめた。

「えっ…」

声にならない声を上げた葵を見て、柏が一気にまくし立てる。

「この表は定価表示で、実売価格とは全然違うから参考にならない。それよりも、こっちのインタビュー記事がほしかったんだ。三回にわたって、サービス利用者の生の声が掲載されていて、お客様がどう感じているのか、よく分かる記事なんだよ。営業以外の社員はあまりお客様とは触れ合わないだろ？　だからお客様が何を考えているのか実感してもらいたくて。記事が結構長めだから、コピーを配って、ちょっと読み込む時間を取りたくてね」

（え？　そういうこと？　それを先に言ってくれればよかったのに…）

固まっている葵を尻目に、大路が相づちを打つ。

「なるほどですね！」

「いやいやいや、感心してる場合じゃねーよ。さっさとここ、コピーしてくれる？　この後、すぐに使うから」

柏から冊子を受け取ろうとする大路を制して、葵が代わりに冊子を受け取る。

「大路君、いいよ。私がやるから。二人とも、ごめんなさい」。葵はすっかり小さくなっていた。

「気にすんな。次はしっかり頼むぜ」

――葵は急いでコピーを取り直す。コピー機を見ながら、葵は肩を落としていた。

（久しぶりにやっちゃったな…。だけど、そんなにしっかりした理由があるなら、そう言ってよね…）

反省と悔しさが込み上げてくる。

（大路君にも適当なことを言っちゃったし…。次から気を付けなきゃ…）

コピー機が止まり、葵は現実に引き戻される。柏にコピーを二部渡して、自分の席に戻ると、ため息が出た。

「はあ。始めから具体的に伝えてくれればよかったのに。指示が悪いのよ」

独り言を言い終わると同時に、ぶわーっと幸田の顔が浮かんで来た。

――結局、愚痴ばっかりやな。

(うっ、そういうつもりではないんだけど…指示が悪いから…)

次いで父の顔も。

――なぜ良いと感じるのか、悪いと感じるのかを言語化してみるんだよ。

(うーん、違いを言語化か。でもな…言語化してどうすればいいのか。とりあえずお父さんに相談かな…)

良い依頼の3つの条件

――週末のダイニングテーブルには、秋のやわらかな日差しが降り注いでいた。

いつも通り、家で仕事をしている父をつかまえて、最近の悩みをまた相談してみる。ダイニングはビジネススクールに早変わりする。

「――という感じで、資料作りはだいぶうまくできるようになったんだけど、それ以外で仕事を頼まれるときにうまくいかないことがあって」

「今度は仕事の依頼か。この前、とりあえず資料作りと言っていたのはそういうことか」

「他にもいっぱいモヤモヤすることはあるけど、今回はとりあえずこれかな」。葵はため息混じりに言った。


「いきなりやり方を伝授することもできるけど、その手前から考えてみないか」

「手前ってどういうこと？」。葵は不思議そうな表情を浮かべる。


「まずは良い依頼と悪い依頼の違いを考えてみよう。これを外すと、悪い依頼になる。逆にこれさえ守れば、良い依頼になる。そういうポイントをハッキリさせてみないか？」

「違いねえ。お父さん、前にも同じこと言ってたよね」

「そう。本質的な違いを分かっていないと、やみくもに『がんばります。次から気を付けます！』としか言えなくなる。逆に押さえるべきポイントさえ分かっていれば、そこさえ外さなければ良い依頼ができるようになる」

「理屈は分かる。でもできるかな…」

「簡単だって、言ったろ?」。父はまたノートを取り出し、「良い依頼の例と悪い依頼の例を具体的に書き出してみよう。ここに書いていいぞ」と、葵にペンを渡す。すると父はコーヒーを淹れに行ってしまった。

一人残された葵はうなりながら、過去にもらったいろいろな指示を思い起こしてみた。良い例は、あまりない。悪い例はたくさんありそうだ。受け止めやすかった依頼と、受け止めにくかった依頼を書き出してみる。

（こんな感じかな）。ノートに書き出して眺めていると、淹れたてのコーヒーを手にした父が戻ってきた。

「できた?」

「こんな感じだけど」と葵がノートを見せる。

「いいね。次はこれを見て『ここを外したら、絶対にダメだな』と思う要素を三つ挙げてみて」

父は自分のノートを一枚めくると、「良い依頼の3つの条件」と書き込んだ。

良い依頼と悪い依頼

×「コピーよろしく」
どこを何部コピーすればよいか分からないので、
ミスしやすい

◯「12～14ページまでを、2部コピーして」
指示が具体的で、ミスが減りそう

×「コピーよろしく」
期限も分からない

◯「コピーを明朝までにしておいて」
これなら期限（締め切り）が分かる

×「印刷よろしく」
最近は印刷のオプションがあり過ぎて、
どうプリントすればいいのか悩む

◯「A4の2in1で、両面印刷。
白黒で左肩をホチキス留め。全部で3部、お願い」
これなら正しく伝わるし、悩まない

×「確認よろしく」
全然ダメ。確認とは何をどうすることなのか分からない

◯「資料に誤字脱字がないか、確認してくれないか」
こう言われた方が受け取りやすい
何を確認すればよいかハッキリしている

「うーん」。葵は少し考えると「やるべきことが明確なこと、期限が明確なこと。うーん…。あとは目的が明確なこととかな」。全然自信はないが、三つ挙げろと言われたら、無理やりにでも挙げてみるのが葵の素直なところだ。

父は目の奥をキラッと光らせ、「一つずつ見ていこうか」と言った。

良い依頼の条件1　動作が明確（体の動かし方をイメージできる）

「一つ目にやるべきことが明確であることを挙げてるな。これはどうして？」。父がノートに「動作が明確」と書き込む。

「これはすごく単純で、すべきことや指示が具体的で明確じゃないと悩んじゃうし、悩んだ揚げ句、自分で勝手に動くと今回みたいにミスが出る。ものすごく大事だと思う」

父は黙ってうなずいている。葵は先を続ける。

「例えば、一番上に書いた『コピーよろしく』とかね。『十二ページから十四ページまでを、二部コピーして』の方が絶対にいいよね」

「その通りだね。それじゃあ、『やるべきことが明確』って、どんな状態だろう？」。父が葵にそう問いかけた。

「どんな状態？」

「確かにすべきことは明確な方がいい。でも、すべきことが明確な状態とは、具体的にはどんな状態なのか？　逆にどんな依頼は不明確なのか？　そこがハッキリしないと違いを捉えたことにはならないよ」

「うっ…」。父が言っていることはよく分かるが、違いと言われても、分からないものは分からない。

「分かんない、教えて！」。開き直る葵。

目をつむって「無理」とサインを送る葵を見て、父が大笑いする。

「しょうがないなあ」。やはり、父は娘に甘い。

「これは父さんの考えだけど、動作をイメージできるかどうかが判断のポイントになると思っている。体の動かし方と言ってもいい」

「動作？　体の動かし方？」

「そう、例えば『社内の風通しを良くしよう』と言われた場合、一見やるべきことは明確に見える気がするけど、いざアクションしようとすると『はて、何をしましょうか？』となる」

「確かにそうね」

良い依頼の3つの条件

これを外したら絶対ダメだなという3要素は何か?

①動作が明確

Q:どういう状態になれば「明確になった」と言えるのか?
→「体の動かし方」がイメージできること

「これは体を動かすイメージが湧いてこないからなんだ」

「ふーん」


「体の動かし方というレベルにまで落として考えてみると、例えば『毎朝五分間、チームミーティングをする』とか、『毎月一回はみんなで飲みに行く』といった話が出てきやすい。こうなると、途端に行動しやすくなるだろ？」

「なるほどね」。そう言われてみると、そんな気がする。

「つまり、すべきことが明確になった状態っていうのは、体の動かし方をイメージできる状態ということになる」

「何となく分かった。だから仕事の依頼をするときは、相手が体の動かし方をイメージできるように伝えればいいってことね」

「そう。逆に、仕事を頼まれたときに、体の動かし方をイメージできないなら、イメージできるまで相手に確認しないといけないってことだな」

「そうかあ、確かにそうだね」

（柏さんとのやり取りのときは、もっと踏み込んで仕事の内容を確認しないといけなかったんだ）

父がコーヒーを飲みながら、グッと親指を立てる。

良い依頼の条件２　期限が明確（いつまでにやるかをイメージできる）

「二つ目は期限が明確である、ということだね」

「そう。いつまでにやればいいのか分からないと、欲しいタイミングに間に合わなくなるから。それに仕事に優先順位も付けられなくなるし、依頼を受けられるのか判断もできない」

「その通りだね。少し補足すると、**期限と一緒にどのくらいの工数をかけるべきかも明確にしておくといい**」

「工数？」

「そう。どのくらい時間をかけてやる仕事なのかってこと。丸一日かけてやる仕事なのか、三〇分でさっと終わらせることなのか。それで全然違ってくるだろ？」

「そういうことか。でも、一日仕事と三〇分の仕事なんて全然違うから、認識のズレなんて起きないんじゃない？」

「それが起こるんだな。工数は厳密に言うと期限ではないんだけど、期限の一部として明確にしておくといい」

「分かった」

「さて、最後は何を挙げたっけ？」

良い依頼の条件3　目的と背景が明確（なぜやるのかを自分の言葉で語れる）

「三つ目は目的を挙げてみたけど。これは全然自信ないな…」

「どうして？」

「指示を受けて作業をするだけなら、目的なんて考える必要はない気がするし…。でも、こないだ柏さんがコピーした記事をどう使いたいかって話をしてくれて、あれは何だか分かりやすかった気がして。気持ちがスッキリした気はするんだけどな」。葵は悩みながらも、ポイントを何とか自分の言葉で言語化し、口に出そうとしている。

「筋のいい疑問だ。ロボットのように言われたことに忠実に従うだけなら、動作が明確であれば、それで十分だろう。でも人間はロボットじゃない。人間は本来、自分がすることには納得したいし、自分の意思で動きたい生き物なんだ」

（なるほど、自分の意思か）。柏とのやり取りは、まさにそれに該当するように思えてきた。

「これには目的だけでなく、背景も含まれる。父さんは『目的と背景が明確』であるという言い方をしている」。父のノートに書き込みが増える。

「目的と背景か」

「さっきノートに書き出した良い例と悪い例を見てみると、例えばこれ。『資料に誤字脱字がないか、確認してくれないか』はすべきことが明確なので悪くない」

「そうね」

「でも、『実はさ、前回お客様に漢字の変換ミスを指摘されちゃったんだ。ミスが続くと信頼されなくなるから、誤字脱字のチェックをしてくれないか？』といった感じで目的と背景まで合わせて伝えてもらえたら、受ける側もやりやすくなるし、しっかりやろうと思うだろ？」

「むむっ！　確かに。しっかりやらなきゃって、自分のことのように感じるかも」

「実に素直だな」。父がニヤニヤしながら言った。

「いいじゃない」。葵はむくれ顔を父に向ける。

「これもそう。『A4の2in1で、両面印刷。白黒で左肩をホチキス留め。全部で三部、お願い』という話」

「これもすべきことは具体的よね。これに期限を加えて伝えてくれたら完璧に思えるけどな」

「そう、これに目的と背景を加えてみよう。例えば…」

「『お客様に提案に行くんだけど、そのときに資料として提出したいんだ』と言われたら、少し意識が変わらないか？」

「ああ。そうかも。クリアファイルに入れておこうかなとか、少しいい紙に印刷しようかな、なんて考えちゃうかも」。葵は目を丸くしている。

「こんなふうに、**目的が加わると俄然、自分で考える余地が増える。そうなると、自分なりのプラスαを考えられるようになるんだ**」。父は自らの頭を指さしてみせる。

結局「なぜこの仕事をしているのか」を語れればOK

「目的と背景はどう違うの？」

「目的はコピーをした後にどう使いたいのかという話。背景はコピーが必要になった経緯。なぜコピーを取ることになったのか」

「ふーん」

「でも、そんなに厳密に切り分けなくていい。**結局は『なぜこの仕事をしているのか』を本人が自分の言葉で語れるなら、それでいいんだ**」

「自分なりに語れる？」

分かるような、分からないようなという表情をして、葵が首をかしげている。

「これは本当にあった話なんだけど、昔、上司に仕事を頼まれてね。いつものように仕事に取りかかったんだ。そうしたら、しばらくして上司が戻ってきて、言うんだよ。『義経、何だその仕事？　何でそんなことやってる？』ってね」

「何それ？」。葵は、目を見開いている。

「当時の父さんもそう思ったよ。『あなたに指示されたからやっているんですけど』って話だよな」。父は笑いながら昔話をしているが、葵には信じられない。

「何なの、その上司」。葵は腕組みをする。

「この上司はわざと、目的と背景を話さなかった。そして、父さんが何も確認せずに、いきなり作業を始めたのを見て、あえて振っかけてきてくれたんだよ」

「なんで？」

「上司の愛かな」。父はニヤリとした。

「自分なりの言葉で、なぜこの仕事をしているのか、なぜこの作業が必要なのかを語れないなら、言われたことをやるだけの指示待ち人間と同じだ。そして、ただの作業なんていずれはＡＩ（人工知能）に取って代わられるかもしれない。お前の人生はそれでいいのかと、彼は駆け出しの私に問いかけてくれたんだ。これは効いたよ」

「そういうことか」。葵はやっと腑に落ちた。

「結局、目的と背景が語れないなら、いつまでたっても主体的に動けないってことね。操り人形というか、単なる作業者になってしまうってことでしょ」

「そうだ」。父が強くうなずいた。

「その話って、作業を依頼する方も大事よね。うまく伝えられれば、相手のやる気とチカラを引き出せる。そうでなければ、作業者にしかならない…。その差は大きい」。葵は大路のことを想像していた。

「その通り。相手が受け身のままだと、すべきことを一から十まで漏れなく伝えなければならないから、伝える方もしんどい」

父のノートには、三つの要素が並んだ。こうして書き出してみると、不思議と頭が整理された気になる。

「納得。でもこれは実践するのが難しそうだなあ」

「確かに簡単じゃないかもしれない。でも上手な人は無意識のうちに、この三つ、つまり目的と

良い依頼の3つの条件

これを外したら絶対ダメだなという3要素は何か？

①動作が明確

Q：どういう状態になれば「明確になった」と言えるのか？
→「体の動かし方」がイメージできること

②期限が明確

「いつまでに」やるか、どのくらい「工数」をかけるか、を確認する

③目的と背景が明確

Q：目的や背景を知る必要があるのか？
主体的に動くためにも、目的と背景を確認せよ
うまく伝えられれば、相手のやる気を引き出せる
「なぜやるのか」を自分の言葉で語れる状態をつくる

背景、動作、期限を確認しているんだけどね」

母で実験

「無意識に？　してるかな？」。葵は信じられないといった表情を浮かべる。

「じゃあ、試してみようか？　うまくいけば、目的と背景、期限、それからプラスαの提案まで観測できるかもしれないぞ」。父がなぜか小声で言った。まるでいたずらを思い付いた子供のようだ。

「何するの？」

「まあ、見てろ。ええっと…」

父は周囲を見回して少し考えてから、キッチンで料理をしていた母に声をかけた。

「母さん。今度バナナを買っておいてほしいんだけど」

料理の手を止めて、母がダイニングに顔を出す。「いいけど、突然どうしたの？　何に使うつもり？」

葵が隣で目を丸くしている。（目的と背景の確認だ！）

「バナナの丸焼きシナモンかけっていうレシピを見つけてね。試してみたいんだよ。週末のおやつにチャレンジしてみようかと思って」

「面白そうね。おやつなら二、三本でいいわよね。週末にやるなら、明後日の買い物のときに買っておけばいいわよね？」。（動作の確認だ）

「そうだね」

葵が父と母を交互に見ている。

「もしかして、アルミホイルもいる？　切れかけているんだけど」。（これはもしかして、プラスαの提案では？）

「ああ、いるな」

「じゃあ、一緒に買っておくわね」

「ありがとう。よろしく」。やり取りを終えると、母はキッチンに戻っていった。

一呼吸置いて、父がいたずらっぽく、葵の方に向き直った。「さて、何が起こったかな？」

「どうしたの？　何に使うの？って聞き返された！」。葵はテーブルに身を乗り出している。興奮気味だ。

「そう。これは目的と背景の確認だろ？　もともとの依頼は割と明確だったよね。バナナを買ってきてほしいと」

葵はうなずく。

「でも目的と背景が不明確だったから、母さんはちゃんと確認してくれたんだ。その結果、バナナで何をやりたいのかが伝わった」

「それだけじゃなかった。バナナの本数も、アルミホイルがいるのかも、お父さんに確認してた」

「そうなんだよ。目的と背景が伝わると、自分事として考えられるから、自然に足りない部分を補おうとしてくれる。これがプラスαの効果だ」

「そういうことかあ。お母さん、すごい！」。葵は声を上げる。

「本当は伝える側が三つの視点を明確にしてくれればいいんだけど、今みたいに聞き手が確認してくれても、十分に成り立つ」

父はノートをめくると、「こんな感じかな」と整理を始めた。

「バナナを買ってという依頼に対し、母さんが目的と背景、動作、期限の三つを順繰りに確認してくれたわけだ」

「目的と背景、動作、期限か」

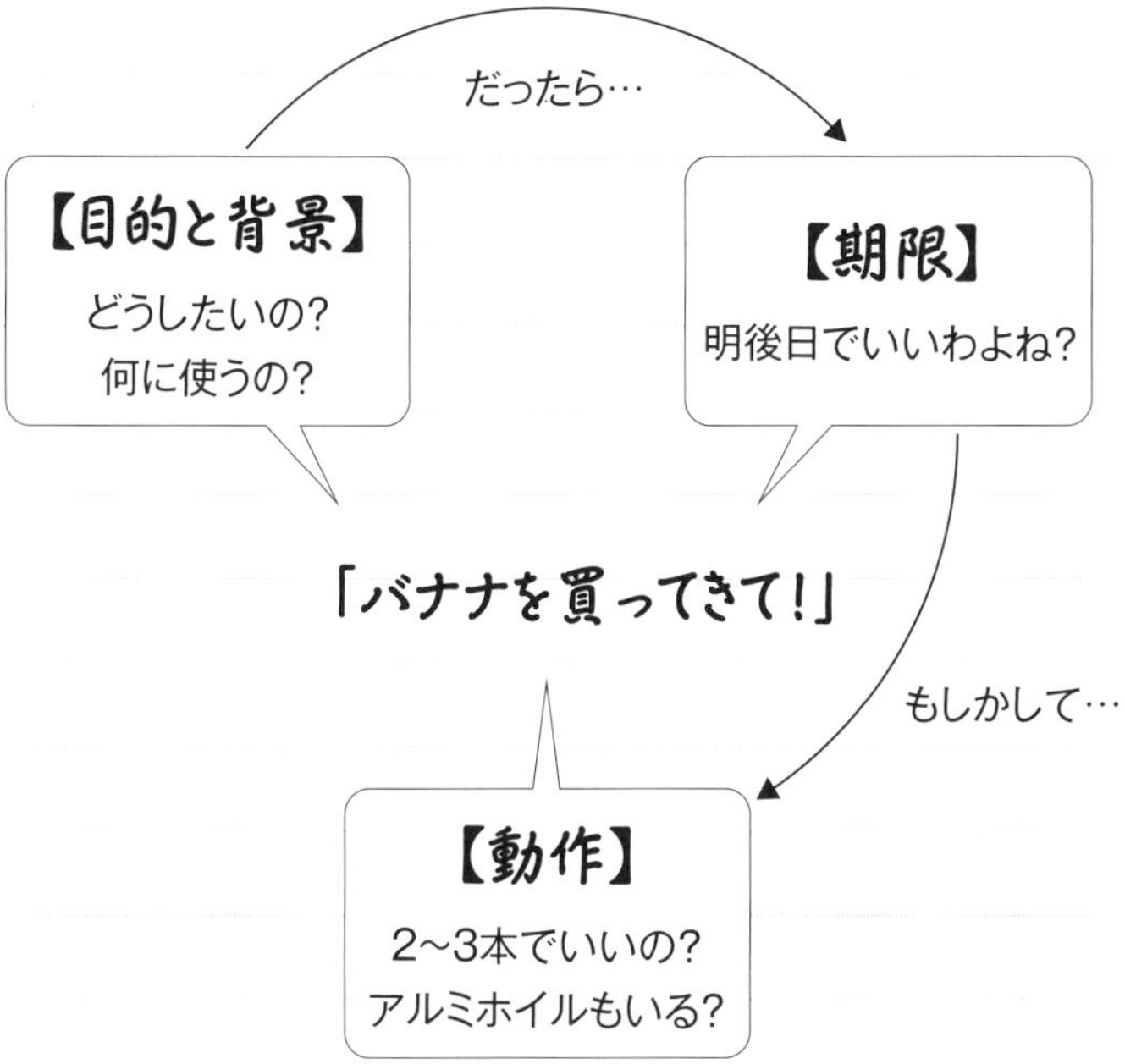
だったら…
【目的と背景】
どうしたいの?
何に使うの?
【期限】
明後日でいいわよね?
「バナナを買ってきて!」
もしかして…
【動作】
2~3本でいいの?
アルミホイルもいる?

「そう。それぞれの観点で質問していただろ？　実はこういう構造になっているんだ」

身を乗り出すように聞いていた葵だったが、ようやく椅子の背もたれに体を預けた。

「三つの項目はよく分かった。依頼する側もされる側も、この三つを意識すればいいってことね」

「そうそう」と父が同意する。

「よし、じゃあ最後に、ウチの会社で使っている『お仕事引き受けスクリプト』があるから、教えてやろう」

「何それ？　そういう便利なものがあるなら、先に言ってよね、もう」

「お仕事引き受けスクリプト」

「ちょっと待て」と言いながら、父はノートパソコンを取りに行った。ふと時計を見る。まだ十二時前だ。三〇分しかたっていないのに、二時間は脳みそを使ったような疲れがあった。普段仕事をしているときとは全然違う、心地よい疲労感だ。

（ほんとに奥が深いなあ。てゆーか、お父さん、ほんとすごいよ。よくこれだけポンポンと答えが出てくるよ。どういう頭の構造しているんだろ？）

遠くから父の声が聞こえてくる。

「あれー？　母さーん、パソコンどこにあるか知らない？」

「また？　知らないわよ。昨日、書斎の本棚の上で見た気がするけど…」

「あー！　あったあった。さすが！」

（…こういう構造だったな…何かに秀でると、何かが失われるのかしら）。葵が雑念に気を取られていると、パソコンを手にした父が戻ってきた。

「これだよ。お仕事引き受けスクリプト」

「これを仕事を引き受けるときに使うの？」

「そう。ちゃんと、目的と背景、動作、期限の三つの要素をカバーできるようになっている。もちろん、状況に応じてアレンジは必要だけどな」

「オープンな聞き方と、仮説を持った聞き方があるのね」。葵は左右の質問を見比べる。

[お仕事引き受けスクリプト]

確認する項目	オープンな聞き方	仮説を持った聞き方
①目的と背景	■なぜこれが必要なんですか？何に使うんですか？	■××のためにこれが必要だという理解で合っていますか？
②動作	■具体的にどう動けばいいですか？	■××して、△△した後、○○するイメージで合っていますか？
③期限	■いつまでに、どのくらい時間をかけてやればいいですか？	■××までに、△△時間くらいかけてやるイメージで合っていますか？

「状況にもよるが、基本的には仮説を持って聞いた方がいい。自分の考えをぶつける形にしないと理解が深まらないし、上司から『自分で考えろ』と怒られることだってあるかもしれないからな」

「その辺りは、一枚ものの資料作りのときと同じね」

「何が一緒なの？」。いつの間にか母が後ろからのぞき込んでいた。「お昼ご飯できたわよ」

そういえば、おいしそうな匂いがキッチンから漂ってきている。

「もう終わるよ。念のために言っておくと、毎回全ての項目を確認する必要はない。自分がハッキリと目的と背景、動作、期限をイメージできているなら、わざわざ上司に聞く必要はない。だけど常に頭の中で三つの要素を思い浮かべる癖だけはつけておかないとダメだ」

「聞く順番は関係ないの？」

「自分が聞きやすい項目から聞けばいい」

「分かった。三つを頭に入れて、あとは自分で工夫しながら聞けってことね」

父がうれしそうにしている。

「スッキリしてきた！　パソコンの場所とか忘れちゃうのに、こういうことはさすがよね！」

葵もうれしそうだ。

「一言多いよ…」

「もう。先に食べるわよ？」。料理を並べて待っていた母が隣でむくれている。

「食べる食べる。まあ、ポイントは伝えられたから、あとは実戦だ。会社でいろいろやってみるんだな」

お仕事引き受けスクリプトを意識する

――父からお仕事引き受けスクリプトを学んでから、葵は会社で少しずつ試し始めている。徐々にいい感じに使える気がしてきた。

【資料を確認しておいて】

「この資料を確認しておいてくれ」。西山課長が葵に二〇ページほどの資料を手渡しながら言った。
「分かりました」。（出たな。『確認してくれ』。それにしても課長の指示って相変わらず、ぼやっとしているのよね。まずは目的と背景が全然分からないや）
「この資料は次の会議で使うものですよね？　当日バタバタしないように、中身を確認してお

く必要があるという理解で合っていますか?」(目的と背景の確認)
「そうそう」
(なるほど。だったら、すべきことは…。体の動かし方をイメージすると…。内容や用語で理解できないものがないかを、サーッと斜め読みしていけばいいかな)
「分かりました。じゃあ、一言一句熟読するというよりは、会議にスムーズに入れるように、資料の流れと内容で理解できない部分がないかをざっと確認しておけばいいですね?」(動作の確認)
「そうだね」
(あとは期間か。次の会議までに見ておけばいいんだろうけど。一応、工数は確認しておこう)
「午前中には見ておきますね。三〇分くらいで読めばいいですか?」(期限と工数の確認)
「午前中にやってくれればいいよ。五分くらい見れば十分かな」
(あっ、そんなに軽くてよかったのね。聞いてよかった!)
「こういう指示を出したときに、二時間も資料とにらめっこしている人がいて困るんだよ。どうしてああなっちゃうんだろうなあ。ははは。鈴川はしっかりしていて、助かるよ」。西山は機嫌を良くして席に戻っていった。（それはあなたの指示が悪いんですけど…。伝える側は、自分の指示が曖昧だってことに気付いていないんだ）

葵はサッと資料に目を通し始めた。五分でいいと言われたのは意外だった。やっぱり確認しないと、ズレるものだなと痛感させられる。（でも、毎回こんなに丁寧に確認するのは、何だか面倒な気もするなあ。本当にこれでいいのかな？）

だがこの疑問は、大路とのやり取りで吹き飛ぶことになる。

【印刷しておいて】

葵が資料の確認を終えたころ、また西山課長が丸い体をゆすって近づいてきた。今度は大路に用事があるようだ。「このエクセルの表、五部印刷しておいてくれ」

「はい、了解でーす」。いつも通りの軽い返事を返す大路。

「任せたぞ」と席に戻ろうとする西山課長。

それを見て、葵が慌てて間に割って入った。

「ちょ、ちょっと待って」。（そんな指示で大路君が仕事できると思っているの？　三つともビックリするくらい曖昧じゃない？）

「私が聞くことじゃないんですが、これ、何に使うんですか？」（目的と背景の確認）

「次の会議で参加者に配る資料だよ」

（えっ？　ウチの会社もようやくペーパーレスが定着してきたのに、まだ紙を配るの？）

「今はペーパーレスが浸透してきてますよね？　みなさんタブレットやノートパソコンで見たり、モニターに映して共有したりしているじゃないですか。わざわざ印刷するのはなぜですか？」

（ダメ押しで目的と背景の確認）


「そうだけど、表がちょっと巨大でね。モニターだと一部しか映せないから、紙を配って表全体を見られるようにしたいと思ってね」

（そういうことか。だとすると…）

葵がそう思ったところで、大路が口を開いた。

「そういうことですか。だったらA３くらいの大きな紙で、表全体を一枚に収めた方がいいってことですね。文字サイズがかなり小さくなりそうですから、ヘッダーもフッターもなしにして、紙いっぱいに印刷する感じでいいですか？」（動作の確認）

（ちゃんと動作を確認している。しかもいいこと言うじゃない。これがお父さんが言っていたプ

ラスαか）

「そうそう。そういう感じ」と西山課長。

（だから、『そういう感じ』っていうのを最初に言ってくれると助かるんですけど。あとは期限ね）

「いつまでに必要ですか？」（期限）

「今すぐ」

「すぐっていつですか？　一〇分以内なら間に合いますか？」

「そうだな」

「分かりました…って、何で私が聞いているのよ！　大路君、分かった？」

「は、はい！　ありがとうございます」


――印刷が終わると、大路が話しかけてきた。

「葵さん、ありがとうございました。すっかり油断してました。間に入ってもらってよかったです っ！」。いつもと比べて、妙にテンションが高い。

「割り込む形になっちゃったけど、結果的には良かったわね」

「良かったですよ！　あのまま印刷していたら、きっといつものA４サイズで印刷して、やり直しを食らってました。たまにあるんですよね、気が回ってないとか言われて、やり直し」

「ある、ある。私もこの前やっちゃったし」。葵は柏とのやり取りを思い出しながら言った。

「葵さんみたいに、ちゃんと確認すればよかったんだ。でも結構難しいですよね？　それをスマートにやれちゃう葵さん、尊敬します」

「大路君のその言葉、全然重さが感じられないのよね…」

「真剣に言ってますよ！」

「まぁいいけど。でも私がスゴイんじゃなくて、ちょっとしたコツを教えてもらっただけなんだけどね。お仕事引き受けスクリプト、聞きたい？」

「何ですかそれ？　ぜひお願いしますっ！」

相変わらず返事は軽いが、今日の大路は聞く姿勢が真剣だった。

葵は一〇分ほどで、父から教わったことを大路に伝えた。いつになくまじめに聞いていた大路は、ひとしきり聞き終えると「なるほどですねえ。葵さんはこの三つを意識していたんですね」と言った。

「このスクリプトには、いくつも気付きがありますね」

「気付き？」

「そうですよ。さっき葵さんがやってみせてくれて、今ネタばらしみたいにコツを教えてくれたので、ハッとしました」

大路の話を聞きながら、葵は父との振り返りを思い出していた。父は葵が気付いたことを聞いてくれて、紙に書き出す。あのやり方だ。（あれってうまくやれば、大路君の成長にもつながるんじゃない？　試しにやってみようかな）

「ちょっと気付きを整理してみる？」。葵は「どうなるかは分からないけど」と前置きしながら、ノートを取り出した。

「おお!?　何が始まるんですか？」。意外にも大路が目を輝かせている。

「やだっ、単に大路君が気付いたことをノートに書き出して、振り返るだけよ」

「そういうことですか」

葵は早速、大路に聞いてみた。「それで？　気付いたことは何？」

大路の気付き１　指示をうのみにしない。納得するまで聞く

「思い返すと、上司からの指示はほとんどがボヤーッとしてますよね」

「確かにそう。そのままじゃ、とても動けないものがほとんど」

「そうなんです！　指示してくれるのは上司や先輩だから、てっきり完璧な指示をしてくれていると思っていたんです。理解できないのは、僕の能力不足なんだろうって」

「なるほどね。新人だとそういう思考になるのね」。葵は話を聞きながら、ノートにそのまま書き込んでいく。

「そうですよ。学生時代なんて、先生が絶対ですからね。会社は上司や先輩が絶対だと思いますよ！　でも葵さんが確認しまくっているのを見て、『あ、確認してもいいんだ』と思いました。というか、課長の指示はテキトウなんだなって。あ、そこは書かないでくださいよ」。そう言いながらも、大路は何だかうれしそうだ。

「何てゆーか、葵さんだから正直に言いますけど、これまでは聞き分けのいい優等生キャラでいようと思っていたんです。指示を聞いたら文句一つ言わずに、しっかり実行する良い子ちゃんですかね」。大路からこんな話を聞くのは初めてだ。

「でも課長の指示も曖昧なんですね。だから自分が納得できるまで、こっちからグイグイいかないとダメなんだってことが、今日分かりました」

葵は驚いていた。（大路君は踏み込まないこと、確認しないことが良い振る舞いだと思ってい

たわけね）

「そうよね。入社したばかりだと、どこまで踏み込んでいいかなんて分からないわよ。でも、納得できるまで聞きまくらないとダメってことね」

「はい！」。大路が元気に答える。

大路の気付き2　「受け身の作業」から「主体的な仕事」へ

「気付きはまだある？」

「あります、あります」。大路は身振り手振りをしながら、まだ話をさせてとアピールしてくる。こんな大路は本当に初めて見た。しかもイキイキしている。

「葵さんが、根掘り葉掘り聞いてくれて、特に目的と背景かな？　何に使うのかを聞いてくれたときに思ったんです。『だったら、Ａ３用紙で全体が見えるように印刷した方がいいだろうな』って。うまく言えないんですけど、自分の脳がその瞬間に動いた感じがしました」

「脳が動いた感じ？」

「はい。今までは言われたことをおとなしく聞いて、脳に格納するような感覚だったんです。受け身ってやつですか。でもそれだと、言われたこと以上のことなんてできませんよね」

「へー。面白い表現をするねえ」。葵は感心していた。

「でも、どうして印刷が必要なのかが理解できた瞬間に、ぐわんと脳が動いて、その情景が頭に浮かんだと言うか…。もっとこうしたらいいのになって、自然に出てきたっていうか。そんな感じです」

「うんうん。目的と背景がハッキリすると、やらされ感が減るよね。自分の仕事っぽくなるというか、自分で考える余地が増えると言うか」

「分かります、まさにそんな感じです」

「分かる？　やっぱりそうよね」

「はい！　さっき少しだけ『仕事って面白いかも』と思っちゃいました」

葵と大路の振り返りはやたらと盛り上がってきた。

振り返りを促している葵自身にも、多くの気付きがあった。そもそも大路がこんなふうに気付きを自分の言葉で話せることに驚いた。（普段はもっと、ぼーっとしている感じなのに）

自分が考えていなかったことまで、大路の口から出てくる。葵はさっき、自分の脳裏に浮かんだ疑問をそれとなくぶつけてみることにした。

大路の気付き3　毎回やるのは面倒？

「でもさ、指示されるたびに、いちいち三つも確認していたら面倒じゃない？」

「全然。そんなことないです。聞くと言っても、ほんの三〇秒くらいじゃないですか？　何も聞かずにその後独りで悶々として、そのうえやり直しを食らうよりも、一〇〇倍いいです」

（なるほど。それはそうかもしれないな）

「ほんの少し確認するだけで、すっきり気持ちよく、しかも手戻りなく仕事ができるんですから。散々作業した後になって、これじゃないって言われるのは一番つらいっすよ」

「分かる」。相づちを打ちながらも、葵の頭はまたフル回転していた。

（手戻りか。確かに依頼する側からしても、最初に確認してくれた方が助かるよな。適当に作業されて、全然違うものが出てきたら、本当に困るもんね。最初に三〇秒かけて認識のズレがなくなるなら、その方がよっぽどいいな。大路君の言う通り、最初の手間を惜しむ意味なんてないのかも）

大路君との振り返り

「お仕事引き受けスクリプト」で気付いたことは？

- 会社での指示はだいたいボヤッとしている
- 「確認していいんだ」という気付き
- おとなしい「優等生」ではなく、
  グイグイ確認するビジネスパーソンへ

◎指示をうのみにしない。納得できるまで聞く

- 目的や背景がハッキリして、脳が動いた！
- 受け身で脳に格納する感覚から、自分の仕事と捉えて、
  考える余地が増える感覚

◎目的や背景が分かれば、仕事が面白くなる！

- 毎回確認するのは手間か？
  →全然問題なし
  ・確認するだけで、スッキリ気持ちよく動ける

◎ 確認のひと手間を惜しむな！

大路が見たこともないキラキラとした笑顔を葵に向ける。葵がついさっき抱いた疑問を、大路が解消してくれた。大路のひょうひょうとしたいつもの態度はどこへやら。急に頼もしい後輩に見えてきた。

「この振り返りもたくさんの気付きがありました。このノート、写真撮っておいていいですか？」

「もちろん、殴り書きだけど」

「全然いいですよ。葵さんと話すとスッキリするんですよねぇ」

どうやら、父親直伝の振り返りはうまくいったようだ。そんな感慨に浸っていると、葵のパソコンにポンとメールのポップアップが出た。何だか嫌な予感がする。

大路の気付き４　メールでも確認することは同じ

「ああ、やっぱり…」。メールを開いて葵は思わず、そうつぶやいた。最近やり取りをしている、土屋からのメールだ。

「大路君、これ見てよ。最近悩まされている曖昧なメール。『確認をお願いします』って書いてあるけど、何をどう確認しろっていうのかしら」

「ホントだ。あれ？　同期の土屋じゃん」

土屋のメール

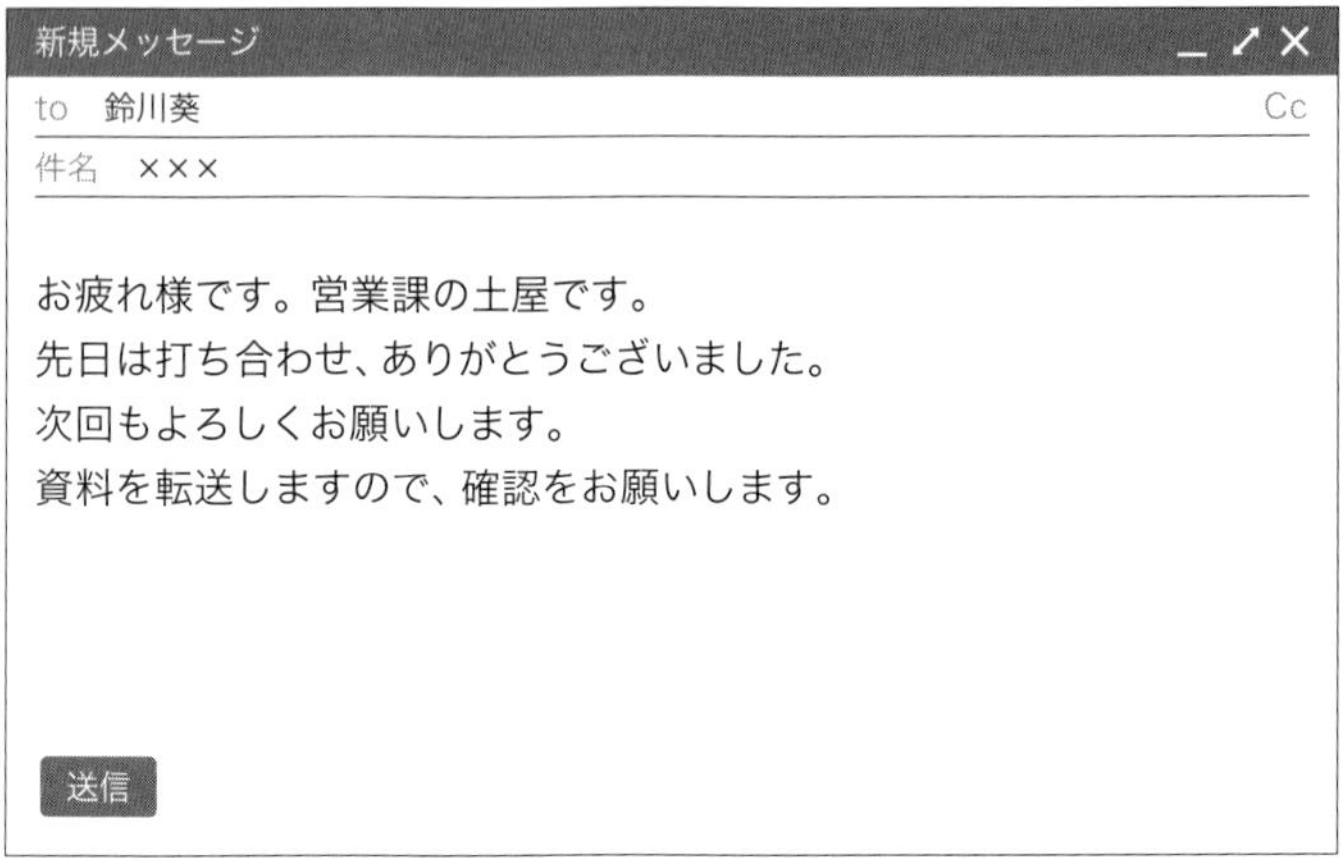
新規メッセージ
to　鈴川葵
Cc
件名　×××
お疲れ様です。営業課の土屋です。
先日は打ち合わせ、ありがとうございました。
次回もよろしくお願いします。
資料を転送しますので、確認をお願いします。
送信

「同期？　しっかりしてよね。大路君に言っても仕方ないけど」

「いや、葵さんの話を聞いた後だから、このメールのダメさがよく分かります。でも葵さんと話してなかったら、違和感はなかっただろうな」

大路は素直に感想を口にする。葵はここぞとばかりに「じゃあ、このメール、どうしたら良くなると思う？」と大路に振ってみた。

「突然の課題!?　もしかして、僕、試されています？」。大路は体をのけぞらせる。

それでもポツポツと、自分の考えを話し始めた。

「結局、メールだろうと、口頭だろうと、誰かに何かを依頼するなら、三つのポイントを押さえる必要があるってことですよね」

「なるほど…。確かにそうね」。勢いで大路に質問してみたものの、葵自身も答えを持っているわけではない。

大路の話を聞きながら、葵も考えを巡らせる。「だとしたら…、三つのポイントに沿って考えるとどうなるかな？」。もはや大路に聞いているのか、自分自身に聞いているのか、よく分からなくなってきた。


「まず、動作。具体的にどう確認してほしいのかを、ハッキリ書いてほしいですよね」

「うん、うん」

「次は期限か。いつまでに確認すればいいのか？　確認にどのくらいの時間をかけるべきなのかが、今のメールじゃ全然分からない。だからそれを書く。最後は目的と背景ですよね。これは何のための確認なのか？　なぜ確認が必要なのか？　それを書けばいいんじゃないですか」。大路は葵に教えてもらった通りに、指を折って数えながら話している。

「そうね。やるじゃない。土屋君の真意は分からないけど、想像してみるなら、こんな感じかな？」。葵はパソコンにメールの改善文を書いてみる。

「こんな感じだといいわよね？　上から動作、期限、目的と背景になるんだけど」

葵が書き直したメール

新規メッセージ

to　　Cc

件名

お疲れ様です。営業課の土屋です。

資料を転送しますので、
・資料をざっと見て、記載している決定事項に認識のズレがないか確認してください。
・明日の12時までに確認をお願いします。数分で確認する程度で結構です。
・今回はAまたはBという二択ではなく、ニュアンスが微妙な決定の仕方だったので、改めて資料にして認識にズレがないようにしておきたいと思っています。

よろしくお願いします。

送信

「おおー、めっちゃ分かりやすいです。葵さん、すげえ!」。大路は立ち上がって、ヒャーっとばかりに両手を上げた。

「大路君が指摘してくれたことを、具体的にメールにしてみただけよ」。でも褒められて、悪い気はしない。葵はニヤついてしまいそうなのを必死にこらえる。

「このまま土屋君に返信しちゃおうかな。『このくらいは書いてくれると、すごく分かりやすいんだけど』って。今のままだと、何を確認していいのか、よく分からないし」

「いいんじゃないですか？　あとで僕からも言っておきます。いやあ、それにしても、僕、この三〇分でバージョンアップした気がします！」

そういう大路の横顔は少し凛々しくなっているように見えた。

■サイドストーリー
大路と土屋の会話

会社の目の前に、三〇年も続いている定食屋がある。NNPの社員がいつも出入りしている、社員食堂のような店である。

店内の壁一面に「お品書き」が貼り出されている。箇条書きのメニューだったり、短冊のようなお品書きだったり、とにかく壁を覆い隠すようにすき間なく、びっしりと貼ってある。

この壁を見ると、店の歴史が分かる。メニューを継ぎ足し継ぎ足しして、ここまでやってきたのが見て取れる。大路はそんな壁のメニューに囲まれながら、せわしくはしを上げ下げする同期の土屋を見つめていた。

（壁もゴチャゴチャしていてせわしいけど、土屋もせわしいな。もう少し、落ち着いて食べればいいのに）

大路は土屋を誘って、ランチに出ていた。

「珍しいな、お前から昼飯を誘ってくるなんて」。土屋はご飯をほうばりながら、細い目をさらに細めて大路に話しかける。

「たまにはね。それよりもう少し落ち着いて食べたら？　僕の定食はまだ来ていないんだし」

「そうだな」。土屋が顔を上げる。

ここで大路が本題に入る。

「昨日、葵さんにメール送ったでしょ？　たまたまあれを見てさ、久々に土屋に声をかけようかなーって」

「そうか、大路はあそこのプロジェクトにいきなりアサインされていたもんな。どう？」

「かなり忙しいよ。それより葵さんが土屋のメールを添削してたよ」

「そうそう。ご指導いただいちゃいました」。土屋は「やっちゃった」という表情を見せる。

「資料を転送されても、何がしてほしいのか分からないって、葵さんが気にしてたよ」

「え？　何で？　この前、資料を元に作業をするって話になっていたから、一応葵さんにも事前に見ておいてもらおうと思っただけだよ。普通だろ？」

土屋は自分のメールが致命的に分かりづらいとは思っていない。「転送します」の一言だけでは、何も伝わらないということも分かっていないようだ。大路は若干、戸惑った。

「見てもらうって、具体的にどう見てほしかったの？　葵さんが見た後、どうしてほしかったの？」

「何これ？　尋問？　見てもらうために送っただけじゃん。細かいヤツだなあ」

（むむ…。話がかみ合わない。相手がどう受け止めているのかという視点がまるでないんだ）

それでも大路は食い下がってみた。

「でも葵さんは、単に転送されても困るって言ってたよ」

「そう？　おかしいなぁ。まあ、俺も部署の先輩にメールを送っておいてと言われたから、送っただけだしな」

（出た！　言われたから、送っただけ。それってNGワードじゃないか）

ただ、土屋だけが悪いわけではなさそうだ。彼の上司も仕事を依頼するときに「作業」だけを伝えているようだ。目的と背景を的確に伝えてくれる上司は、むしろ少ないのかもしれない。

大路が考えをぐるぐると巡らせているのをよそに、土屋はのんきに定食をパクついている。

「大路、あんまり細かいことを気にしてると、疲れちゃうぞ。言われたことをちゃんとやるだけで、大変なんだから」

（これは結構やばいぞ。言われたことをただやるだけ…か…。頭がグワンと動く経験をしていないんだな）

「言われたことをねえ…。土屋。仕事、楽しい？」

「え？　お前なんかおかしいぞ。仕事は仕事でしょ。楽しいっていうか、やらなきゃいけないことだから。目の間の仕事をきっちりこなすだけでしょ、俺たち新人は」

（なるほどね…）。もし土屋の上司が「作業」ではなく、目的と背景をきちんと伝えて「仕事」を依頼していたら、彼のマインドは変わっていただろうか。自分から動くようになるだろうか。

大路はもう一度、壁のお品書きに目を向けた。どう考えても、お客がメニューを選びやすいとは思えない。こっちの壁にある焼き肉定食があっちの壁にも書いてある。しかも微妙に値段が違う。でも店主はこれが当たり前だと思っているのだろう。

土屋もそうだ。自分のメールが分かりづらくて、もっと良いメールの書き方があるなんて、夢にも思っていない。

(現状に疑問を持たないとダメなんだ。もっと良い方法はないか、もっと気持ちよく仕事をする方法はないかを考えないと、成長できないんだな)

のんきに定食を食べている土屋が段々、柵に囲われて、与えられた餌を黙々と食べている羊のように見えてきた。メー。野生を失った動物に未来はない。

野生を取り戻しつつある大路は、目の前の羊君がどうやったら「本当の仕事」に目覚められるのか、考えずにはいられなかった。

(同期だし、覚醒してほしいんだけど…)

でもまずは、自分がしっかりしなければならない。

「はい、定食お待ち」。ようやく大路の食事が運ばれてきた。大路ははしを割りながら思った。葵さんみたいな先輩がそばにいてくれて、僕は本当に運が良かったな。

第4章

会話を
かみ合わせる

――最近、世界が本当に近く感じる。ネットワークが張り巡らされ、メールもチャットもタイムラグなくやり取りできる。電話もインターネットを介してかければ、無料だ。たとえ十七時間の時差があるサンノゼに相手がいたとしても。

「スマホでこれだけスムーズにやり取りできると、八千キロも離れている気がしないな」

片澤の明るい声が、葵のスマホから聞こえてくる。

「そうね。ほんとにクリアに聞こえるし。だいぶ距離があるはずなのに全くタイムラグがないなんて、すごいわ」

「この技術もよくよく考えると、NNPが敷設している海底光ケーブルを通っているのかもしれないんだぜ。そう考えると、感慨深いな」。片澤がテンション高めなのは、向こうが夜中だからだ。

(さては一杯飲んだな。こっちはまだ昼間なんですけど)

「飲んでるでしょ?」

「バレた?」

「もう、飲み過ぎ注意よ」。葵と片澤が付き合い始めたのはおよそ二年前。NNPの会議改革を始めたときに強力にサポートしてくれたのが先輩の片澤だった。そのころからいい仲になっている。しかし最近は、東京とサンノゼの距離もあるのか、すれ違い気味だ。

「そう言えば、今日、大路君がこんなことを言い出して。本当に大変なの――」

「ふーん」

「でね。大路君が――」

「へえ。最近、大路の話が多いな」

「え？　そう？　西山課長も相変わらず指示がイマイチで――」

「ああ、まーねー」

「この前、柏さんとも話したんだけど、私、あの人苦手なのよね――」

「うーん」

「でね～」

片澤は一方通行気味の会話に、しびれを切らし始めていた。

「いろいろあるのは分かるけど、結局何が言いたいの？　俺、何をコメントしたらいいんだろ？」

「えっ、何をって言われても…」

「最近、何をしてほしいのか、よく分からないことが多いよ」

「……ごめんなさい」。（ただ話を聞いてほしいだけなのにな…）

「…別に…どうかしてほしいってわけじゃ…ないんだけど…」

「あれ？　通信環境、悪くなった？」。葵がもごもごしゃべるので、片澤がナチュラルに聞いてくる。（悪くなってないよ…）

膨大な費用をかけて敷設されたであろう海底ケーブル。遠距離恋愛カップルのこんな痴話喧嘩でもクリアに届けてくれる。通信環境が良すぎるのも考えものだ。

「まあ、いいや。来月、日本に帰るから」。淀んだ雰囲気が嫌になったのか、片澤が話題を変えた。

「うん、楽しみにしてる。そういえば、ウチのお父さんがシリコンバレーのビジネス事情を聞きたいって言ってた。そんなこと、できる？」

「いいよ。お父さんの会社、海外のビジネスもやっているんだっけ？」

「そうみたい。簡単でいいから、そっちのビジネスの状況とか、スタートアップの傾向とかを話してほしいんだって」

「そんな大層なことは話せないけど」

「こじんまりとした内輪の勉強会だから、雑談くらいのノリで来てくれて大丈夫だって。NNPの社員も連れてきて、お父さんの会社との交流会もついでにやりたいって言ってた」

「そっか。了解。上司にも話しておくよ。細かい段取りを決めておいてもらえる？」

「分かった。じゃあ――」

父の話で何とか二人の雰囲気は持ち直した格好になった。(気まずいまま電話を切らずに済んでよかったな。やっぱり、遠距離恋愛はつらいなあ)

――年の瀬の十二月下旬。

葵は父のオフィスにいた。普段はプロジェクトの相談ばかりしているが、今日はちょっと趣きが異なる。サンノゼから一時帰国している片澤を迎えて、シリコンバレーの状況を共有する勉強会だ。

「片澤君、久しぶり。今日は片澤先生だね。よろしく頼むよ」。父が、オフィスに入ってきた葵と片澤、NNPの社員数人を出迎える。

「先生なんてやめてくださいよ。ちょっとシリコンバレーの話をするだけですから」。片澤が日々感じている生のシリコンバレーの話を通して、参加者が質問やディスカッションをするというカジュアルな会だ。

「葵とはまだ続いているようだね。嫌になったら、いつでも別れていいから。ははは」

「お父さん、ほんとやめて」。葵が父をにらみつける。

「いやあ、付き合い始めるときも、お父さんにごあいさつに行きましたけど、別れることになったらまた行かないとダメですね。今度は謝りに。そのときは僕一人でこっそりうかがいますから」

「ちょっと、片澤さんもやめてよ！」


父と彼氏が軽口をたたき合える仲なのは、いいことなのだろうが。最近、片澤との関係は絶好調とは言えないし、葵としては複雑な気持ちだ。

「葵と別れても、お父さんとは続きそうだなあ。おっ、会場はあそこですか？」

（その冗談、笑えない。こっちの気も知らないで）。葵の気持ちをよそに、片澤は会場をのぞき込んだ。


——午後六時。会場には、父の会社から十数名のコンサルタントが、NNPからは数人の社員が集まった。会場といっても、普通の会議室ではない。一〇〇人は入ろうかというセミナー用の大きな円形スペースだ。奥には階段状のひな壇まであり、まるで闘技場のようだ。壁をスクリーン代わりにして、プロジェクターを投映している。普通の会議室しか知らないNNPの社員は皆、興味深々だ。

「素敵な空間ですね。雰囲気が普通のオフィスとまるで違う」

父の会社の社員が、自然とその声に答える。

「そうなんです。最近、大幅に改修したので。外部のパートナーと連携を深めて、創造的な仕事ができることを狙ったんです」

「へえ、こういうスペース、ＮＮＰにも欲しいなあ。こんな雰囲気なら、楽しく仕事ができそうだし」

特に促してもいないのに、両社のメンバーがコミュニケーションを取り始めている。これが無機質な会議室だと、なかなかそうもいかないだろう。空間が人に与える影響は大きい。

徐々に人が集まり出し、会場の椅子がどんどん埋まっていった。父が立ち上がり、全員に声をかける。

「さて、時間だから始めようか。まずは今日のプレゼンターを紹介しよう。日本ネットワークパートナーズの片澤さんだ」。片澤がお辞儀をする。

「片澤さんはこの一年くらい、シリコンバレーで現地のスタートアップと連携し、ビジネスを展開する仕事をされている。彼とはご縁があってね。というか、娘の会社の同僚なんだが」。ここで父が片澤に笑顔を向ける。

父からの紹介を受けて、片澤が続ける。

「鈴川さんには大変お世話になっています。二年ほど前にもこのオフィスにお邪魔して、プロの会議ファシリテーションを見せていただきました」

「そうだったね。あ、ついでに紹介しておくと、こっちがウチの娘だ」。突然自分の名前が呼ばれて葵は驚いたが、会場からは笑い声が漏れている。

「知ってますよ。葵さん、久しぶり」。会場のコンサルタントが声を上げた。

「さて今日は、片澤さんに向こうの話をしてもらって、あとは我々が質問をして、いろいろと引き出していく形にしようと思っている。NNPの皆さんもそんな感じでいいかな？　気楽な場にしたいと思っているんだが」。数人がうなずく。

「じゃあ、早速、片澤さん。よろしくお願いします」。父が言い終わると、片澤が一歩前に出る。

「改めまして、日本ネットワークパートナーズの片澤です」。そうあいさつしながら、片澤はパワポのスライドを進めていく。

「そもそも、なぜ僕がシリコンバレーに常駐しているかといいますと、二つのミッションがあるからです。一つは情報収集です。ＮＮＰは新サービスの立ち上げプロジェクトを昨年から本格的に始めていまして、そこには欧米で先行している最新のサービスも組み込もうとしています。そのために情報を集めて、新サービスプロジェクトと連携しているんです」

片澤は日本にいたときよりも一回り、風格がついたように見えた。アメリカ人相手にプレゼンや議論を重ねてきたからだろうか。

「もう一つは、ベンチャー支援です。シリコンバレーにいる有望なスタートアップを支援したり、彼らが日本で事業展開するときにはＮＮＰが代理店になってサポートしたりもしています。つまり、僕の役目は情報収集とベンチャー支援ってことになります」

片澤は区切りをつけて、参加者に自分の立場が伝わったかを確認すると、またスライドを進めた。

「なので、向こうのビジネス動向をしっかり押さえておかなければなりません。というか、自然に体感しているというのが正直なところかな。本音を言えば、かなり苦労もしています。今日はその話をざっくばらんにお伝えしていきますね」

ここから二十分ほど、片澤がざっと近況とビジネストレンド、商慣習などを紹介していく。

「――なので、最近のトレンドはもっぱら××技術を使ったもので――」

「彼らは自己主張がすごいんです。日本だと謙遜して、効果はほとんど出ていませんと言うようなケースでも、『We had huge success!』って始まっちゃうんです――」

「ほんとに物価が高くて、家でご飯を食べることが増えました。おかげで痩せましたね――」。片澤の体験談なので、妙に生々しい。

「とりあえず、以上です。参考になったか分かりませんが」。片澤が話を終えると、会場の参加者は「待ってました」とばかりに質問を始めた。次々と質問が飛び、かなりの盛り上がりを見せている。


（あれ？）。葵はふと違和感を覚えた。NNPの社員と、父の会社の人たちでは、コミュニケーションの仕方が違う気がするのだ。うまく言えないが、何かが違う。

NNPの社員「カフェでもディナーの最中でも、街中でみんなが技術やスタートアップの話をしているというのは、想像しただけでも刺激的だし、楽しいんだろうなと思います。技術系のスタートアップにとってシリコンバレーは、とても恵まれた環境だなと思いました。

ガッガツ仕事をする人には最高の環境だと思います。でもそうではない人にとっては、かえって居心地が悪いんじゃないかなあと」

片澤「そうですね。そもそも物価が高いので、一旗揚げてやろうと意気込んだビジネスパーソンしかいない気がしていまして――」

父の会社のコンサルタント（以下コンサル）「感想になりますけど、スタートアップが密集すること自体に大きなメリットがあるんだと感じました。それで一つ質問ですが、日本で同じようにスタートアップを密集させるとしたら、どう仕掛けるのがいいと思いますか？」

片澤「はい。あくまでも僕の考えですが――」

（さっきのNNPの社員の質問は、結局何が聞きたかったのかな？　何だかお父さんの会社の人たちの話し方の方が分かりやすい気がする。どうしてだろ？）

片澤からも参加者に質問を投げかける。

片澤「このオフィスは、かなりオープンイノベーションを意識しているように感じますが、他社と協業したり、新規ビジネスを作ったりするような動きを既に始めているんですか？」

コンサル「しています。正直、うまくいっていない部分もありますが、気になるベンチャー企業には積極的に声をかけて、まずは何を目指してビジネスをやっているのか、情報交換するところから始めていますね」

片澤「そうなんですね。NNPの本社はどうですか？　日本のスタートアップとの連携にも力を入れているじゃないですか？　うまくいってます？」

NNP「えーっと、五年前からサンノゼに社員を送り込んだり、日本でもスタートアップの人たちとかなり会うようにはしているのですが。目的意識というか、何というか、その辺がまだ定まっていないと、会ってそれでおしまいになってしまうことが多くて。それでもビジネスの課題がハッキリしている場合は、まだ数件程度ですが、具体的な取り組みを始めているものもあります」

片澤「なるほど、一部はうまくいっているんですね。ありがとうございます。他に質問はありますか？」
NNP「あのー。文化の違う人たちと仕事をするのは刺激的だと思うんですが、海外の企業と連携してビジネスをする場合って、なかなか難しい面があるんじゃないかと思って…」
片澤「えーっと…。まあ当然、そういうこともありますね。そうだな、どんな話をするといいかな？」
コンサル「こういうのはどうでしょう？　もうちょっと具体的に『これを外すと、アメリカ人に嫌な顔をされる』といったような話が聞けるとうれしいです」
NNP「あ、それそれ。そう言いたかったんです」
片澤「では、そうしますか。いくつかあるんですが――」

（やっぱり、お父さんの会社の人と片澤さんのキャッチボールの方が圧倒的にスムーズだ。片澤さん、ＮＮＰの社員の質問にはどう答えたらいいかわからず、困っていたし）
葵は話の中身よりも、そっちが気になって仕方なかった。

コンサル「とても参考になりました。私の理解が合っているか確認したいのですが、いいですか？」

片澤「はい、どうぞ」

コンサル「ウェブに情報があふれている時代に、わざわざ現地に滞在する意味を考えていました。今日の話からすると、現地で頻繁に行われる小規模かつ突発的な集まりがたくさんあって、そういう場所から新しいものが生まれていく。でも、そんな話はウェブには出てこない。だから現地で情報収集することが重要なんだと理解したのですが、これで合っていますか？」

片澤「合っています。加えて言うと、現地の空気感みたいなものを感じられるのが大きいです。例えば、あるコワーキングスペースには、クラウドファンディングに出ている商品が陳列されていたり、道端でもテクノロジーの話が飛び交っていたり、そういう雰囲気の中だからこそ、新しいものを生み出しやすいのだと感じています」

ＮＮＰ「その話を聞いて思い出したのですが、このところ世界各地でスタートアップや最先端の研究機関を誘致するような話が盛んじゃないですか。先日も視察に行ったんですが、勢いがすごくて、そこで活躍している人たちは、もうシリコンバレーは古いなんて言っているくらいで、スピードが遅いという話まで出ていました。シリコンバレーは既に安定期に入ってしまったのではないか、という話も出ていたくらいです」

片澤「うーん…」

コンサル「その話、私も聞いたことがあります。片澤さんの肌感覚を知りたいのですが、シリコンバレーの人たちは昔に比べてスピードが落ちたと感じているんでしょうか？」

片澤「いや、それは聞いたことがないですね」

（やっぱり。この違いは何なんだろう？　単純に話が短ければ分かりやすいってわけでもなさそうだし。長く話していても、お父さんの会社の人の方が話が分かりやすい）。葵は自分が質問するのを忘れて、もはやコミュニケーションを観察することで頭がいっぱいだった。

気が付けば、時計の針は午後八時を過ぎている。「今日はこれくらいにしておこうか」。父が頃合いを見て言った。このまま放っておくと、まだまだ質問が続きそうだが、ここで今日は解散になった。


「片澤君、今日はありがとう」。父が片澤に声をかける。

「いえいえ、僕も貴重な機会をいただけたと思っています」

「この後、お礼がてら、ご飯でもどうかな？」

「本当ですか？　ぜひお願いします」


そこへ、会場の片付けを終えたコンサルタントの一人が葵たちの方へやってきた。

「片澤さん、葵ちゃん、お久しぶり。矢口です」

「矢口さん！」。片澤が驚いた顔を見せる。

「髪の毛、短くされたんですね？　とてもお似合いです」。二年前、プロの会議ファシリテーションを実演し、葵と片澤に見せてくれたのが矢口だった。そのときから随分と髪が短くなっていた。だから会場にいたのに、葵も片澤も気付かなかった。

矢口はにっこり笑って「今日はありがとうございました。それにしても片澤さん、さすがね。二年前より輝いて見えたわ」

「ちょうどいい。矢口も一緒にご飯どう？」

三人のやり取りを見ていた父が提案する。

「喜んで。前にも四人でランチに行きましたよね」。矢口が懐かしそうに言う。「そのときはまだ、二人は付き合っていなかったのよねえ。何か不思議。鈴川さん、娘カップルとご飯に行くのは、父親としてどんな心境なんですか？」

「こんなに優秀な好青年だから、最高じゃないか。葵、よくやったぞって感じかな」

「優秀？　そうでもないわよ」。葵は少し膨れて「もうちょっと女心を分かってくれるといいんですけどね」と片澤の背中をたたく。

「いたた。何だよ――。まあ、とにかくご飯に行きましょう」

冗談を言い合いながら、四人は父が好きなイタリアンレストランに移動する。

——オフィスを出て、いくつかの通りを越える。細い裏路地に入ると、ひっそりとしたたたずまいのレストランが現れた。隠れ家の雰囲気満載な店だ。

「こんなところ、よくご存じですね」
「おいしいものには目がなくてね。知り合いに薦めてもらっては食べ歩いているんだよ。ここはかしこまり過ぎていなくて、好きなんだ。程よく活気もあってね。話しやすいんだよ」。父によると雰囲気だけでなく、何を食べてもおいしいらしい。ワインが壁一面にディスプレーされている。無垢の木材をそのまま使った内装なので、カジュアルな雰囲気が何とも温かい。一同は奥のテーブル席に腰を落ち着ける。
「メニューは…適当でいいよな？　いつもマスターにお任せなんだ」
「いいですね。そうしましょう」

——料理が出てくるまでの間、四人はサンノゼの生活や遠距離恋愛の大変さなど、このメンバーだからしゃべれる話で大いに盛り上がる。

それはそれで楽しいが、葵はさっきからずっと引っかかっているコミュニケーションの違いについて、思い切って聞いてみることにした。

「サンノゼの話とは全然関係ないんだけど、矢口さんに聞きたいことがあって」

「何、何?」

「さっき、お父さんの会社の人たちが、すごく分かりやすく発言していた気がしていたんです。NNPの社員とは全然違うなあって。それがずっと気になっていて」

「どこでそう感じたの?」。矢口がニッコリと微笑んで聞き返す。

「うーん。ハッキリは分からないんだけど…」。葵は記憶をたどるがうまく表現できない。そこに片澤が乗っかってきた。

「俺もそう感じたよ。NNPの社員の質問は正直、答えづらいんだよね。コンサルの皆さんの質問の方が頭にスッと入ってくる感じがしたな」

「もしかして、あれかな?」。父が口を挟む。

「ウチにはコミュニケーションの生産性を上げる秘伝の三つのお作法があるんだ。な、矢口?」

父がいたずらっぽい顔を矢口に向ける。

「秘伝のお作法?」。葵と片澤が同時に声を上げる。

「ふふ。仲がいいのね。別に全然秘伝じゃないけど、コミュニケーションの三つのお作法は、確かにみんな意識していると思うわ。一〇〇パーセント守っているわけじゃないけど、原則を知っておくだけでも全然違うわよ」

「教えてください！」。葵が手を挙げた。

コミュニケーションの3つのお作法

「ほんとに大したもんじゃないのよ。ちょっとしたことを気を付けるだけで、コミュニケーションがスムーズになるって話。三つっていうのは『発言に見出しをつける』『質問にストレートに答える』『最後まで言い切る』なの」

1. 発言に見出しをつける

「ウチのコンサルタントが必ず上司に言われるのが『発言に見出しをつけなさい』ってこと。発言に見出しがつくと、話の明瞭さがグッと上がるのよ」。矢口はそう言いながら、ノートパソコンを取り出した。

「**発言の見出しっていうのは、今から何を発言しようとしているのかを一言で宣言してから中身に入るってことね。**例えば――」。矢口はパソコンをたたく。

「さっきの質疑応答をメモしておいたの。議事録にして社内に展開しようと思っていたから。ちょうどいいから、これを見ながら確認してみましょうか。この辺りかしら?」。矢口は議事録の画面をみんなに見せる。全員が頭を寄せ合って、パソコンをのぞき込む。

「ほら、ここを見て。『理解を確認したい』とか、『感想です』『質問です』『肌感覚を知りたい』と言っているじゃない?」。矢口は該当箇所を太字にしてくれた。

「これが『最初に一言、今から何を発言したいのかを宣言する』と言っている部分ね」

> コンサル「とても参考になりました。私の理解が合っているか**確認したい**のですが、いいですか?」
>
> 片澤「はい、どうぞ」

コンサル「**感想になりますけど、**スタートアップが密集すること自体に大きなメリットがあるんだと感じました。それで一つ質問ですが、日本で同じようにスタートアップを密集させるとしたら、どう仕掛けるのがいいと思いますか？」

片澤「はい。あくまでも僕の考えですが――」

コンサル「その話、私も聞いたことがあります。片澤さんの**肌感覚を知りたいのですが、**シリコンバレーの人たちは昔に比べてスピードが落ちたと感じているんでしょうか？」

片澤「いや、それは聞いたことがないですね」

「ほんとだ」

「それに比べてNNPの社員は何と言うか、いきなり話し始めている感じだったかも」。葵も宙をにらみながら、発言を思い出してみる。

「彼らの発言の部分を見せてもらえます？」

「ええ。この辺ね」

NNPの社員「カフェでもディナーの最中でも、街中でみんなが技術やスタートアップの話をしているというのは、想像しただけでも刺激的だし、楽しいんだろうなと思います。技術系のスタートアップにとってシリコンバレーは、とても恵まれた環境だなと思いました。ガツガツ仕事をする人には最高の環境だと思います。でもそうではない人にとっては、かえって居心地が悪いんじゃないかなあと」
片澤「そうですね。そもそも物価が高いので、一旗揚げてやろうと意気込んだビジネスパーソンしかいない気がしていまして――」

NNP「あのー。文化の違う人たちと仕事をするのは刺激的だと思うんですが、海外の企業と連携してビジネスをする場合って、なかなか難しい面があるんじゃないかと思って…」
片澤「えーっと…。まあ当然、そういうこともありますね。そうだな、どんな話をするといいかな?」

「やっぱり! 全然見出しがない」。葵が驚く。ようやく自分の違和感が、少しだけ言語化された気がする。

「そういうことか。これは面白いな。発言の最初に一言見出しをつけるだけで、こんなに分かりやすくなるってことか」と片澤。

矢口は「具体的には、こんな見出しをつけてから話し始めることが多いかな」と言いながら、議事録の下によく使う見出しを打ち込んでいく。

【よく使う見出し】
質問です
確認です
感想です
賛成です
反対です
違う意見があります
相談したいです
提案です
補足です
報告です
困っています
アドバイスがほしいです
とりあえず聞いてもらいたいです

「こんな見出しを一言挟んでから、詳細を話し出す感じね」。矢口の説明を聞いて、葵がまた声を上げる。

「『とりあえず聞いてもらいたいです』でもいいんですか？」

「そうよ。世間でよく言われるのは『結論から話せ』だけど、全然そんな必要はないの。今からしたいことを最初に一言言えばよくて、『聞いてもらいたい』と言ってくれれば、聞き手も構えられるでしょ？　その後、ダラダラと話しても問題ないわ。とにかく自分の話を聞いてほしいってときだってあるわよね」


片澤はパチンと指を鳴らした。「そうか。だから見出しなんだ」。どうやらしっくりきたらしい。

「ニュースや記事の見出しって、別に結論が書いてあるとは限らないじゃないですか。でも見出しがあると、グッと記事が読みやすくなる。というか、見出しがない記事なんて読む気がしないな」

「まさにそれ。何でもかんでも、結論から話せなんて言われたら、息が詰まっちゃうでしょ」

「なるほどね。そう言われて思ったんですが、僕は結論を最初に求めすぎる傾向があるのかもしれない。後輩がダラダラ話していると、それで結論は何って詰め寄っちゃうんです。でも『とりあえず聞いてほしい』と言われれば、ちゃんと聞いてあげられるかもしれないな」

　葵が片澤の隣で「うんうん」とうなずく。身に覚えがあるからだ。

「そうね。『困っています』とか、『相談に乗ってほしいです』とか、一言あると、聞き手の状態がセットされる感覚よね。逆に突然話し始める人を見ると、何？　どうしたの？　今から何が始まるの？って思っちゃう。ウチの新人はまだそんな感じよ」と矢口が笑う。

「コンサルタントも最初からできるわけじゃないんですね。そんなときはどうするんですか？」。葵は大路のことを思い出しながら聞いてみた。

「そうね。**ウチの若手がいきなり話し始めたら、『ちょっと待って。これ、何の話？　私に何をしてほしいの？』って聞いているかな。**そうすると『あ、相談です』とか、『報告です』とか言ってくれる」。矢口が話し終わるのを見て、父が補足した。

「三つのお作法を知っていると、後輩の指導もやりやすくなるんだよ。『端的に分かりやすく発言しろ』と言ったって、いきなりは実践できないけど、『何をしようとしているのかを、一言で宣言してから話してくれ』とか、『見出しをつけて』と言えば、新人だって実践しやすくなるだろ？」

　片澤と葵が同時にうなずく。それを見て、矢口がまたニコリとした。

「あとは相手が話し終わってから、『結局、賛成ってことでいいのかな？』と見出しを確認したり、『最初に一言、賛成って言ってくれたら、もっと聞きやすかった』と伝えることもあるかな」

確かに、大路の分かりづらい発言も、見出しをつけてくれれば聞きやすくなりそうだ。葵は大路の発言を想像してみる。試してみる価値はありそうだ。

そんなことを葵が考えていると、テーブルの上にようやく飲み物と食事がそろった。イタリアンレストランでノートパソコンとワインが並んでいる状況はなかなか見ない。

「さて、飲み物も来たし、とりあえず乾杯するか。片澤さん、お疲れ様でした」

「ありがとうございます。カンパーイ」

よく話した後のお酒はおいしい。でも酔ってしまう前に、もう少し話を聞いておきたい。まだ三つのお作法の一つ目しか聞けていない。

2．質問にストレートに答える

「お作法の二つ目は、」。矢口がきれいな指を二本立てる。

「質問にはストレートに答えるってやつね」

「ストレートに答えるって、どんなイメージですか？」。葵が首をかしげる。

「質問されたときに、いきなりダラダラと話を始めるのではなく、**まず聞かれたことに対してストレートに一言で答える**。詳しい説明はその後。さっきの議事録だと、この辺かな」。矢口がまた議事録を見せてくれる。

> 片澤「このオフィスは、かなりオープンイノベーションを意識しているように感じますが、他社と協業したり、新規ビジネスを作ったりするような動きを既に始めているんですか？」
> コンサル「**しています**。正直、うまくいっていない部分もありますが、気になるベンチャー企業には積極的に声をかけて、まずは何を目指してビジネスをやっているのか、情報交換するところから始めていますね」

「片澤さんが仕掛けているんですかと質問したのに対して、ウチのコンサルタントは最初にストレートに『しています』と答えているでしょ？　これ、これ」

「このやり取りがいいのは分かります。でも…。普通はこうなるんじゃないですか？　聞かれているんだし」。葵は不思議そうにしている。

「じゃあ、ＮＮＰのみなさんの発言を見てみましょうか」。矢口は議事録をスクロールさせる。「ことか、どう？」

片澤「そうなんですね。ＮＮＰの本社はどうですか？　日本のスタートアップとの連携にも力を入れているじゃないですか？　うまくいってます？」
ＮＮＰ「えーっと、五年前からサンノゼに社員を送り込んだり、日本でもスタートアップの人たちとかなり会うようにはしているのですが。目的意識というか、何というか、その辺がまだ定まっていないと、会ってそれでおしまいになってしまうことが多くて。それでもビジネスの課題がハッキリしている場合は、まだ数件程度ですが、具体的な取り組みを始めているものもあります」

片澤「なるほど、一部はうまくいっているんですね。ありがとうございます。他に質問はありますか？」

「やだ、ほんとだ」。葵が声を漏らす。

「確かにそうでしたね。このやり取りはハッキリ覚えています。最後まで、結論がよく分からなかったんですよ」。片澤が思い返しながら話す。

「それは質問に対する答えが曖昧だったからね。しびれを切らして、片澤さんの方から結論を確認してるわよね。実はこういうことがしょっちゅう起こっているの。これじゃあ、コミュニケーションのスピードが落ちるのも当然よね」

「このケースだと『一部はうまくいってます』と答えてから、具体的な中身に入ればよかったんですね」。片澤が確認する。

「そういうことだ。特に後ろめたい回答になる場合は、どうしても言い訳がましく、いろいろな説明をして、結論を後回しにしてしまうものなんだ。仕事の進捗確認とかな」

「ああ。分かる気がします」

「矢口、例の資料を出せる?」。矢口はパソコンを操作して、別のパワポを出してきた。社内トレーニング用の資料だという。

「典型例は、こんな感じだ」

【ダメな例】

上司「見積もりはできた?」

私「それはですね、作業費用の項目は終わっているんですが、先週仕入れ先から電話があって、一部の機材が品切れで、代替品がアレでソレで…。機器費用の項目は見積もりがまだ出ていないんです」

上司「なるほど。いろいろ言い訳しているが、まだ終わっていないってことだな」

私「そうです…」

【良い例】
上司「見積もりはできた?」
私「まだです」
上司「進捗は?」
私「機器見積もりの項目だけ、未完了の状態です」
上司「なぜ未完了なの?」
私「はい。仕入れ先から電話がありまして――」

「見積もりが終わっていないと、つい言い訳をしたくなってしまう。だけど上司は現状を知りたいだけで、未完了の理由なんて聞きたくないかもしれない。だから聞かれたことに対して、結論だけをストレートに、簡潔に答えればいい」。父の言葉に、片澤が頭を抱える。

「うわー。これは耳が痛いわ」

葵も「言われてみると、私もやってるかも。でもこのやり取りは、どう見てもロスよね」と苦笑いしている。

「私もなかなかできなかったわ。慣れの問題なのよね。私は『まず、質問にストレートに答えると』と言ってから話し始めるように、癖づけしてたかな」

「最初にこう言ってしまえば、その後に続く言葉は自然とストレートになる。自己暗示みたいなもんだな」

「なるほど」。片澤がつぶやくように言った。「端的に話せというだけでは、なかなかできるようにはならない。意識を変えるんじゃなくて、具体的に自分の行動を一つ変えてしまう。それなら指導もしやすいですね」

3. 最後まで言い切る

——話はますます盛り上がってきた。


「テーブルがだいぶにぎやかになってきたわね。最後のお作法も聞く?」。矢口が先を促してくる。

「もちろん、聞きたいです。お願いします!」と葵は身を乗り出す。

「じゃあ、話しちゃうわね。最後のお作法は、言葉の語尾」

「語尾?」

「これまでの二つは、話し始めをハッキリさせるためのお作法だったでしょ。三つ目は言い終わり。つまり、語尾をハッキリさせるお作法」。矢口は料理をかき分けながら、器用にパソコンを動かす。

「ズバリ言うと、**最後までハッキリと言い切れってことね**。さっきの例でいくと、ここかな。言い切っていないのが分かる？『じゃないかと』で終わっているでしょ？」

NNPの社員「カフェでもディナーの最中でも、街中でみんなが技術やスタートアップの話をしているというのは、想像しただけでも刺激的だし、楽しいんだろうなと思います。技術系のスタートアップにとってシリコンバレーは、とても恵まれた環境だなと思いました。ガツガツ仕事をする人には最高の環境だと思います。でもそうではない人にとっては、かえって居心地が悪いんじゃないかなあと」

片澤「そうですね。そもそも物価が高いので、一旗揚げてやろうと意気込んだビジネスパーソンしか、いない気がしていまして――」

「確かに」

「これをハッキリさせるなら――」と、ワイングラスを空にした父が会話に入ってくる。

「『――じゃないかと思っているんだけど、片澤さんはどう思いますか？』とか、『――じゃないかと思っているんだけど、シリコンバレーではどう対処しているんですか？』なんて言い回しをすると、全然違うんだよ」

「そうね。それだと答えやすい気がする。というか、そもそも答える内容が変わってくるよね？」

「言われてみると、このときは何を答えたらいいのか、よく分からなくて。勝手に想像して話していましたね。でもこれって、相手が聞きたいことと合っていたのか、分からないですよね。それがコミュニケーションロスになるってことか」。片澤は勘が鋭い。

「そういうこと。見当違いな回答をしていることだってあり得るわけだ」。父がワインを注ぎながら言った。

葵は、自分の発言に思い当たる節があった。「自分のことを思い返してみると、発言に自信がなかったり、周りに気を使っているときには、特に声が小さくなる気がするな」

「そうね。でも日本語の特性上、語尾がハッキリしないと、言いたいことがぼやけてしまうの。

にもかかわらず、多くの人が語尾をぼかして、言い切るのを避ける傾向にある」
「そうそう、あるよな。でもウチのコンサルタントは、語尾をあやふやにはせずに、ハッキリと言い切っていたはずだ」

コンサル「ウェブに情報があふれている時代に、わざわざ現地に滞在する意味を考えていました。今日の話からすると、現地で頻繁に行われる小規模かつ突発的な集まりがたくさんあって、そういう場所から新しいものが生まれていく。でも、そんな話はウェブには出てこない。だから現地で情報収集することが重要なんだと理解したのですが、これで合っていますか？」

「ウチの社内では、最後まで言い切らないと、毎回ツッコまれるからね。みんな癖になってるんだよ。発言の語尾が小さくなったり、モゴモゴ言うようなら、『最後までハッキリと言い切って』『それで？』『つまり、何が言いたいの？』と、しつこく先輩や上司が聞いてくる」
「なるほど。それいいいな」

「相手の発言の語尾を、リピートする方法もあるわよ」。矢口がパソコンから顔を上げながら言った。

「相手の語尾が途中で終わってしまったら、『――居心地が悪いんじゃないかなと？……で、その先は？』と語尾を拾ってあげることで、相手に話の続きを促して、発言が途中で終わっていることに気付かせてあげるの。私はこっちのやり方が好きだな」

「それはうまい方法ですね。言われた側も傷つかずに済みそうだし」。片澤は感心している。

「こうやって、みんなで寄ってたかって語尾をハッキリさせようと仕向けていると、自然にコミュニケーションのスピードが上がってくるんだよ。会話のかみ合わせが良くなるのはもちろんだが、どこで発言が終わったのかがハッキリするから、会話にリズムが生まれる。これはコミュニケーションではとっても重要なことだ」

矢口もうなずいて、「最後に三つのお作法のおさらいをして、今夜はおしまいにしましょ」と切り出した。矢口のパソコンにまた、パワポの資料が映し出される。

「今日の話を一枚にまとめると、こんな感じね。これも社内トレーニング用の資料なんだけど」

資料には三つの作法と気を付けるべきことが整理されていた。

「おお、これは分かりやすいな。このままウチの社員に配りたいよ」。片澤がしきりに感心している。

「まさにそのために作ったスライドよ。ウチの若手に配るためにね」

「矢口さんの会社でも、そこまでしているんですね」。葵が意外そうにつぶやく。

「そうよ。三つのお作法自体は簡単なんだけど、習慣になるまではきちんと意識しないと、なかなか身に付かないの。中にはこれを印刷して、パソコンの隅に貼っている社員がいるくらいよ」

「ふーん。それくらいやらないと、習慣にならないってことか」

「そういうこと。話を聞く側の先輩や上司が気を付けるべきことも、ちゃんとま

「コミュニケーションの3つのお作法」話し手側の心得

	話し手がすべきこと
発言に見出しをつける	**まず、「しようとしていること」を伝える**(≠結論・要点) ××の相談/報告/確認をしたいです。 ××について困っていまして、とりあえず話を聞いてもらいたいです。 質問です。相談です。確認です。困っています。
語尾をハッキリさせる	**発言の語尾を言い切る**(日本語は文末で意味が決まる) ・・・だと考えています。 ・・・ということを懸念しています。 ・・・が問題だと思っています。 ・・・を変えるべきだと思っています。
質問にストレートに答える	**まず、質問に答える**(言い訳は禁止) Yesです/Noです。 遅れています/予定通りです。 遠慮は無用

とめてあるわ」

矢口が次のスライドを見せてくれた。聞き手側の心得と書かれている。

「僕はこっちを貼っておきたいな。後輩の話が分かりづらいと、つい詰め寄っちゃうから」

「ふふふ。自分を戒めるためにもいいよね。さて！」


ここで矢口がパンと手を打った。「三つのお作法の話はこんなところかしら」。葵と片澤が満足そう顔をしているのを確認すると、矢口はパソコンをしまう。ようやく食事に手が付けられそうだ。

「ありがとうございます。勉強になりました」。片澤が頭を下げる。葵も関心しっぱなしだ。よくこれだけ言語化できるものだ。普

「コミュニケーションの3つのお作法」聞き手側の心得

	聞き手がすべきこと
発言に見出しをつける	**ダラダラと話を始めたら・・・話を止めてやさしく確認** 今から、何をしようとしているの？ どういうつもりで聞けばいい？ 見出しをつけられる？
語尾をハッキリさせる	**語尾がふわふわしていたら・・・その先を促す** 「分からないらしくて・・・」「その先は？」 「分からないらしくて・・・」「何を気にしてくれているの？」 「最後まで言い切って！」
質問にストレートに答える	**質問に答えてくれなかったら・・・答えだけを求める** 「ストレートに答えると？」 「まず、YesかNoかで答えると、どっち？」 「私の質問は『終わったか、終わっていないか』なんだけど」

段何となく感じていることを、きちんとひも解いて言葉にすることが、いかに重要か。

――そして葵はふと、片澤との関係を振り返る。

（最近うまくいっていないのは、なぜなんだろう。うまくいっている時期もあったんだから、何か違いがあるはずなのに）。葵はパスタを食べながら、そんなことをぼんやりと考え始めていた。

夫婦のコミュニケーションも同じ

「でも酔っ払う前に、ちゃんと聞けてよかったー。矢口さん、本当にありがとうございます。お父さんもまだ酔っ払ってないしね」と言った瞬間、父は手を滑らした。「あっ!!」

「あ、危なかった…」。父が声を漏らす。

「いや、鈴川さん、アウトですよ」。片澤が笑いながら言う。

テーブルの上は白ワインでビショビショだ。

「いや、グラスはセーフじゃないか」

「そっちですか？　確かに無事ですね」

「もうお父さん、そういう問題じゃないでしょ。すみませーん、タオルくださーい」

しばらく父の尻拭いをすると、葵は父にストップをかける。

「もう酔っ払っているから、あと一杯でおしまいね」

葵は驚いた声を上げる父を完全に無視して、矢口に話を向けた。

「そう言えば、矢口さん。今日は飲まないんですか？」。矢口は最初からずっと烏龍茶だった。

「授乳中だからね」

「えー」


矢口は最近まで育休を取っていて、つい先日、職場に復帰したらしい。こんなにキレキレのコンサルタントで、さらに一児の母になっていたとは。葵も片澤も驚きを隠せない。

「今夜はお子さんは大丈夫なんですか？」

「ええ。毎週水曜日は夫に見てもらっているの。だから水曜だけは、私も外で羽を伸ばせるってわけ」

「旦那さん、理解があるんですね」。葵はわざとしらく、片澤を見ながら言う。突然矛先を向けられた片澤は姿勢を正して、座り直している。

「理解はある方だと思うけど、きちんと二人で話し合って、そういうルールにしようって決めたの。話そうと言い出したのは、私なんだけど」

「いい夫婦だな。ウチと同じだ」。聞いてもいないのに、父が我が家の自慢話を始めそうになっている。

「お父さんの話はいいの」。葵はピシャリと父を制しつつ、最近の片澤とのすれ違いを考えていた。父が目を丸くして片澤と顔を見合わせているが、葵の目には入ってこない。

「話し合いをするって、どういうことですか？」

「そのままよ。してほしいことや感じていることをストレートに伝えて、話し合うだけ」

葵はピンと来るような、来ないようなという表情をしている。それを見て、矢口が例を上げてくれた。

「例えば、赤ちゃんが泣いているとするでしょ？　そのとき私は家事で手一杯。でも夫は全然動いてくれない。当然、私はイライラするのよ。『何で動いてくれないの？　子供が泣いているのは分かるでしょ？』って」

「そうですね」

「でもこれは、女性のおごりだと思ったの」

「ええ？　なんで？」

「夫にしてみれば、赤ちゃんが泣くのはいつものことで、放っておけば、そのうち泣きやむって思っていたわけ。彼には彼なりの価値観があるのねよ。それを全部無視して、一方的に『私の気持ちを汲んでくれない』って思って怒ってたの。でも、これって図々しい考え方だと思わない？」

男性がそんなことを言ったら大変なことになりそうだが、矢口が言うと妙に説得力がある。

「そう言われてみれば、確かにわがままなお嬢様のようですね」。今度は片澤が葵に視線を送る。

「そう、自分中心の考え方よね。それでイライラして。でも本当にもったいないと思ったの。赤ちゃんをあやしてほしいなら、シンプルにそう伝えれば良かったのよ。イライラせずにね」

──葵の頭の中に、一枚ものの資料作りのコツがブワーッとよみがえってきた。

「あの…。父に、スライドの一番上に『伝えたいこと』をきちんと書けと言われたんです。伝えたいことが冒頭に書かれていないスライドは、何も伝わらないって。そして今日は、語尾をハッキリ言い切らないとダメだってと教えてもらいました。きちんとコミュニケーションをするための最低限のお作法ってことなんですよね。これって夫婦の間でも同じなんですね？」

「キーメッセージの話ね。そうそう。大抵の夫婦間のやり取りは、キーメッセージがない資料と同じなのよ。あるいは語尾を言い切らない発言と同じね。それじゃ、真意は伝わらないわよ」

葵は頭を殴られたような、強い衝撃を受けていた。（言われてみれば、確かにその通りかもしれない。でもこれを男性が言ったら、世の中の女性を全て敵に回してしまいそう）。葵は素直にそれを矢口にぶつけてみる。

「私はよく理解できたんですが、世の女性はそんなふうに思っていないような気がして。『それは男性側の論理であって、女心がちっとも分かっていない』とか言われそうじゃないですか？」

「そうかもしれないわね。でもこれは男女間の話ではなく、コミュニケーションの話だと思うの。男同士、女同士、男女間でも、全部同じ。だって資料を作るときに、男性社員向けとか考えないでしょ？　**キーメッセージがハッキリしていれば相手に伝わるし、そうでないなら伝わらない。**それだけのことよ」

「コミュニケーションの原理・原則ってことか」。片澤が天を仰ぐ。

「そうそう。夫婦のやり取りは全てを効率的にしなくてもいいんだけど、コツを知っていて、必要なときに齟齬《そご》のないコミュニケーションができるなら、それだけで全然違うのよ」

――すっかり夜が更けたころ、四人は解散。家路に就いた。

帰り道、葵はいろいろと思うことがあった。

「矢口さんはやっぱりすごい人だ」。葵はポツリと、父に話しかける。

「いいだろう？　ウチのエースだからな」

「そうだよね。矢口さんの話を聞いてて、片澤さんとのやり取りでも『まさに！』『それそれ！』って言いたくなる話がたくさんあって」。父は黙って聞いている。

「矢口さん夫婦みたいに、きちんと話し合いをしないとダメなんだなって思って…うん、そうね…、そうしよう！　お父さん、ありがとう」

「おお？」。父は困惑気味だが、葵は満足したらしい。葵の足取りは、心なしか軽やかになっていた。

父の日記③

今夜はちょっと飲みすぎた。それにしても、レストランで半分くらいは仕事の話だったな。勉強熱心なのはいいことだが。

それにしても、コミュニケーションは奥が深い。他にもいろいろとコツがある。今日出てこなかった話題を書き留めておくか。

◆コミュニケーションをファシリテートする2つの振る舞い

三つのお作法に加えて、コミュニケーションを加速させる2つの振る舞いがある。

I・質問をしたら八秒黙る（質問に質問をかぶせない）

誰かが質問をして、部下やメンバーが考え込んでいるときがある。すぐに反応が返ってこないシーンだ。ここで間髪入れずに、二の矢を継いでしまう人が多い。

「答えづらかいかな？　感想だけでいいんだけど？」とか、「情報が少ないのは分かっているが、俺はA案がいいと思っていてさ」といった感じで、無言の時間を埋めてしまうのだ。これが有効なケースもあるが、質問された相手の考える時間を奪っていることが多い。コミュニケーションが上手で、頭の回転が早い人ほど、沈黙に耐えられないようだ。でも、じっくり考えてから話すタイプの人もいるので、少しでいいから、沈黙に耐えてみるといい。

質問をしたら、心の中でゆっくりと八秒数える。八秒待っても何も反応がなければ、二の矢を継いでもいい。**相手に考える時間をきちんと渡すことを忘れてはいけない。**

2.　質問の意図を拾う（何を心配・懸念しているのか）

質問を受けて、それに答えて終わり。よくあるやり取りだ。例えば、新商品説明会の進め方を部内で話し合っているシーン。

プレゼンター「――という流れで説明会を開催したいと思います。何かご意見ありますか？」
質問者「説明会の最後に、質疑応答の時間は設けないんですか？」
プレゼンター「今回は時間がないので割愛します。あとから個別にメールで質問を受けようと思っています」
質問者「そうですか…」

質問者「説明会の参加者は任意ですか？　それとも指名の強制参加ですか？」
プレゼンター「任意です」
質問者「分かりました…」

こんな日常のやり取りだ。質問には的確に答えているので、何も問題ないように見える。しかしこれは上っ面のコミュニケーションでしかなく、何も生み出していない。

中身に踏み込んだコミュニケーションをしたいなら、質問者が何を気にしてその質問をしているのかを理解する必要がある。こんな感じかな。

質問者「説明会の最後に、質疑応答の時間は設けないんですか？」
プレゼンター「設けないつもりですが、何を気にしてくれていますか？　懸念があ

ります か？」
質問者「実は前回、同じようなことをして、質疑応答の時間がなかったことが大きな問題になったんです」
プレゼンター「なるほど。具体的にどう問題になったんですか？」

質問者「説明会の参加者は任意ですか？　それとも指名での強制参加ですか？」
プレゼンター「任意参加にするつもりです。何か気になりますか？　強制参加じゃないとまずいですかね？」
質問者「いや、まずいってわけではないんだけど、ある程度はこちらから指名しないと、参加者の職種がバラバラになっちゃう気がして。参加者の職種に応じて、説明内容も変わってくると思うもんで」
プレゼンター「確かにそうですね。営業向けとか、技術職向けに、説明会を分けた方がいいかもしれませんね」

これができると、もう一段深いコミュニケーションができるようになる。

◆人を育てる、生産性を上げるコミュニケーション

これまで伝えてきたのは「生産性を上げるコミュニケーション」の方法で、「部下を育てるコミュニケーション」とは違う。育てるコミュニケーションとは、質問をうまくして、自分で考えるように相手に促すコミュニケーションのことだ。

例えば仕事を依頼するとき、目的と背景だけ伝えて、やり方は自分で考えてもらうようなコミュニケーションを取ることもある。時間はかかるけれど、長い目で見れば、その方が良いケースも多い。これは、スピードと人材育成を天秤にかけて、ちょうどいいバランスを見て決めるべきだ。

第5章

プレゼン資料を作る

――年が明け、寒さが底を打ちそうな二月上旬。プロジェクトの熱気は最高潮を迎えていた。六月にリリースするために設計してきた新サービスのスタートまで、残すところあと四カ月。部長への説明会を皮切りに、社内説明会が十数回も予定されている。四月の人事異動では、新サービス提供のための新しい組織体制を整え、六月のサービス開始と広報イベントが控えている。

プロジェクトは最終段階に入っている。まずは二週間後の「営業部長向け 新サービス説明会」が重要な局面になる。ここをスパッと通れば、プロジェクト全体に勢いがつく。逆にここで部長たちにダメなサービスという烙印を押されてしまったら、取り返しがつかなくなる。社内に味方を増やさないと、話にならない。

「――というわけだから、そろそろ営業部長向けの説明会の骨子を固めていかなければならない」。西山の声がプロジェクトルームに響く。週次で実施しているプロジェクトの定例会で、今後の予定を西山が説明している。葵、大路、柏を含めた一〇人のメンバーは真剣に話を聞いている。

定例会には、プロジェクトオーナーである堀井専務も参加していた。堀井はたまにプロジェクトルームに来ては、メンバーを激励してくれていた。

一方で少しでも気に入らないことがあると無茶な宿題を出して去っていくという、良くも悪くも豪腕を発揮する担当役員だ。そのせいで今日の定例会は普段のリラックスしたムードとは違い、プロジェクトルームには妙な緊張感が漂っていた。

堀井はそんな雰囲気を気にもとめず、いつも通りに激を飛ばす。

「もう四カ月しかないぞ。営業部長向けの説明会は二週間後だ。背水の陣だと思ってもらいたい！」

普通に話しているだけなのに、堀井のあまりの迫力に西山がひるむ。

「で、ですよね。全力を挙げておりますので…」

「そうしてくれ。特に部長への説明会は今後の先行きを左右するものになると思っている。しっかり頼むぞ」

柏が営業らしく、堀井に同調する。

「ウチの営業部隊は独立心が強いですからね。気に入らないと、会社命令でも全然協力してくれません。でもうまくいくと、強力な味方になってくれる、というわけですね？」

「さすが専務！」というあいの手が聞こえてきそうなトーンだ。

「その通りだ。営業はトップダウンで統制を利かせようとすると反発がすごいからな。心から協力しようと思ってもらえるように話を持っていきたい」

「はい！　分かっています」。そう返事をしながら、西山は突然、葵を矢面に立たせた。

「堀井専務、ウチの鈴川なら間違いありません。彼女に資料作りを任せようと思っています。若手にチャレンジしてもらいたいですし、何よりも鈴川がメンバーの中で一番資料作りがうまいんです」

黙って聞いていた葵は、椅子から転げ落ちそうになった。（え？　そんな話、全然聞いていないんですけど？）

「いいじゃないか。部長たちには若い社員がプレゼンした方が効果的かもな」

「そうなんです。ちゃんと私がフォローしますが、鈴川なら心配いりませんから」。西山は葵の方を見て、引きつった笑顔を向ける。

（そんなこと、急に言われても…）。葵は困惑気味だが、堀井は乗り気になっている。

「若手主導で次世代の新サービスをローンチさせていく。チャレンジを続ける我が社のイメージと合うかもしれん」

（いやいや、それはいいんだけど、なんで私なの？　営業相手なんだから、柏さんがやればいいじゃない）。葵の心の叫びは堀井に届くはずもない。

「よし、まずは営業部長向け説明会だ。ここがうまくいけば、その後の課長たちへの説明会にも弾みがつくはずだ！」

柏が「そうだ」と言わんばかりに、大げさにうなずく。

堀井は「よろしく頼むぞ」と言い残し、さっさとプロジェクトルームを出ていった。堀井の後を追うように、メンバーも会議室を出ていく。だが葵だけはすぐに動き出せなかった。突然の重責に、めまいがしてきた。そんな様子を見て、西山が声をかける。

「ごめんね。ちょっと思いついちゃって」。西山が申し訳なさそうにしている。

「私が資料を作るんですか？」

葵は今にも泣きそうな顔をしている。

「もちろん、僕も一緒にやるよ。でも鈴川さんなら大丈夫。頑張ろう」。西山はこんなときこそ前向きだ。

「分かりました。でも、あまり期待されても困りますよ？」

そう言いながらも、葵には多少なりとも自信があった。葵が作る一枚ものの資料は本当に評判が良かった。（一枚ものの資料の延長で何とかなるんじゃないかな）

「二週間後って、すぐだからね。今日から取りかかろう」

「分かりました」。こうなったら、やるしかない。葵も腹を決めた。

――その日から営業部長向けの資料作りが始まった。

手順は一枚ものの資料作りのときと同じだ。一枚ずつ「伝えたいこと」を考えて、スライドのキーメッセージを決めていく。それに沿うように、スライドの中身を作っていく。手慣れたものだ。資料としても、悪くない気がしてきた。西山からもあっさりＯＫが出た。

「これなら何とかなるんじゃないか」

営業部長向けの説明会の準備は整った。


――そして、あっという間に本番を迎える。


今年は暖冬らしい。そんなニュースを何度か目にしたが、今朝はめちゃくちゃ冷える。

「もう、外の気温が０度ってどれだけ寒いのよ…」。プロジェクトルームに入ってきた葵が手をこすりながらつぶやいた。

いつもより早く会社に来たせいで、暖房の効き具合がまだ十分ではないようだ。部屋はかなり冷えている。

「葵さん、おはようございます。寒いですね」。声をかけてきたのは、一番乗りで会場設営を始めてくれていた大路だ。

「大路君。朝早くから、設営ありがとう」

「いえいえ。設営といっても、部長は全員で一〇人くらいですから。こんな感じでいいですか？」

普段はロの字型にレイアウトしてあるテーブルが、今日は横並びのスクール形式になっている。

プロジェクターも用意した。

「うん、ありがとう」。そう答えつつ、葵の表情は浮かない。

──僕がしゃべったら、資料も僕が作ったみたいに見えちゃうからね。

部下を立てる西山らしい配慮で、今日の説明会は葵自身がプレゼンまですることになっていた。しかし、葵にとってはありがた迷惑。（ううぅ…。緊張する…。西山さんが説明すればいいのに。リーダーなんだから）

プレゼン時間は数十分。その後、少し質疑応答がある。時間は短いが緊張する。

気付くとプロジェクトルームには、営業部長が集まり始めていた。

一〇人の営業部長と副部長。プロジェクトメンバーは西山、柏、大路、そして葵の四人。堀井も部屋の隅に座っている。それほど広くないプロジェクトルームは人であふれていた。

「みなさんおそろいですので、始めたいと思います」。西山が口火を切る。「よくご存じだと思いますが、一年前から新サービスの開発をしており、ようやく六月にリリースになります。今日はその話をしていきます」

部長たちは腕を組んだり、ノートを取り出したりしながら、西山の話をじっと聞いている。西山が部長たちの顔色を確認した瞬間、一人の部長が早速、声を上げた。

「ちょっといい?」。営業一部の三河部長だ。営業一筋で二十五年やってきた、たたき上げだ。

「西山君、今日はこんだけのメンバーを集めてっけど、意見集めじゃなくて、あくまでも説明って位置づけで合ってんだよね?」。江戸っ子気質の三河は怒ってなくても、普段から口が荒い。

「えっと…、そうですね」。西山がおどおどしている。

「本来はさあ、俺たちみたいに営業の最前線にいる部長たちから、事前に情報収集した方が良かったんじゃねえか?」。三河の眉間にグッとシワが寄る。(怖い、怖すぎる)。葵は腰が引けてきた。

「そうですね…。すみません…。でも三河さんには随分、ご意見をいただきましたよね」

「まあな。あれくらいで十分だったならいいんだけど? 俺たち営業からすっと、変なサービスを作られても困るからよ」。三河は大きく腕組みをして、ぐるっと他の営業部長を見渡して反応をうかがった。

「それとさあ、今日は前哨戦であって、課長や営業メンバーへの説明は、後日プロジェクトチーム主導でやってくれるってことで」。三河は一瞬のためをつくる。「いいんだよな?」。本人は普段通りの振る舞いなのだろうが、ものすごい迫力だ。

「そ、それはそうです」。西山はのっけから押されっぱなしだ。

「だよな? 課長以下のメンバーが理解してくれないと話になんねえからさ」

このやり取りで、プロジェクトルームの雰囲気は一気に緊張感を増した。

(こ、この中で話すの? ほんとに嫌だ…)。しかしここまで来て、あとには引けない。

「ここからはサービスの概要を、プロジェクトメンバーの鈴川から説明させてもらいます」

「はい…。鈴川です。私から概略をお話しします。よろしくお願いします」

「おう。聞かせてよ」。三河がプレッシャーをかけてくる。言い方がいちいち怖い。

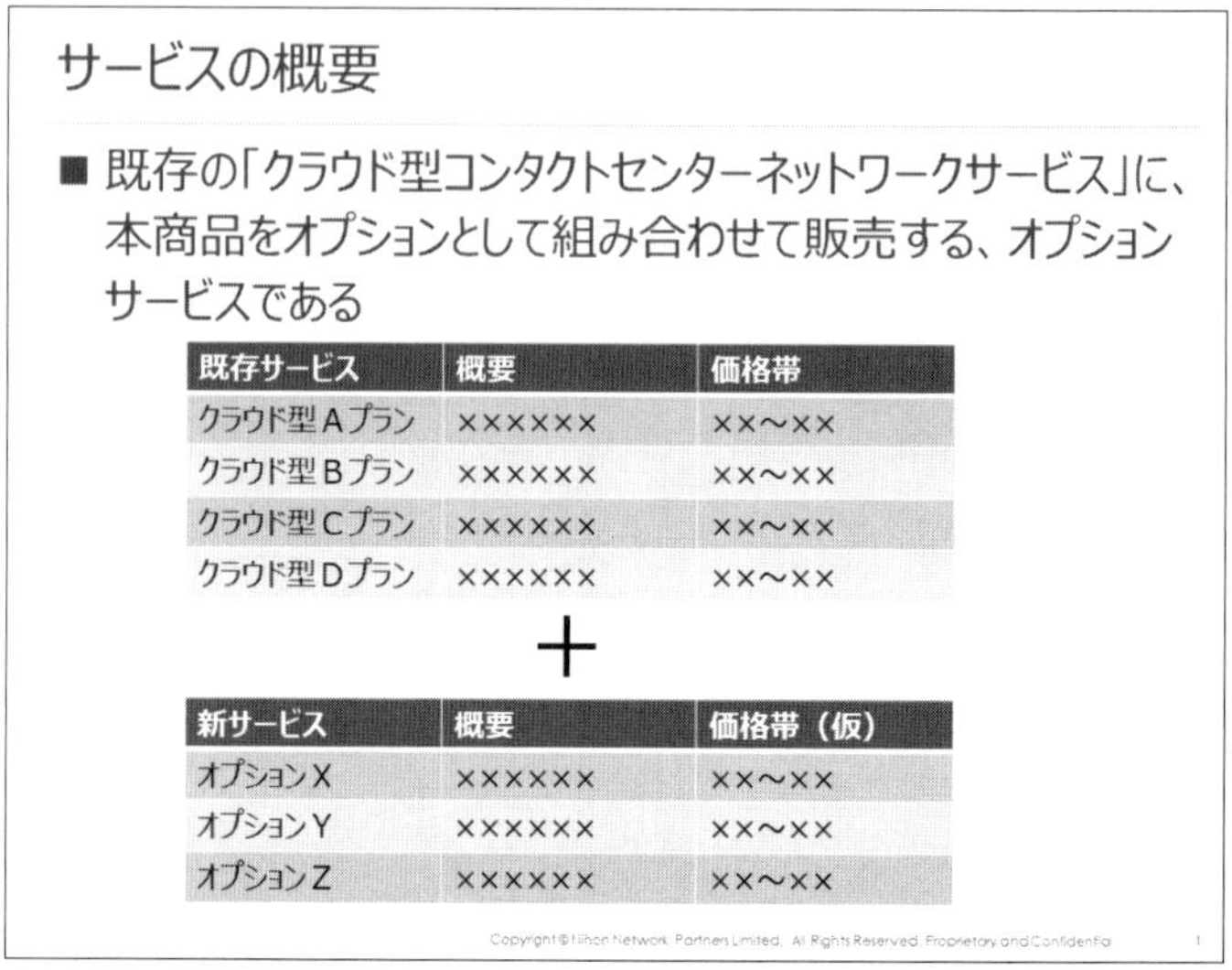

既存サービス	概要	価格帯
クラウド型Aプラン	××××××	××〜××
クラウド型Bプラン	××××××	××〜××
クラウド型Cプラン	××××××	××〜××
クラウド型Dプラン	××××××	××〜××

新サービス	概要	価格帯（仮）
オプションX	××××××	××〜××
オプションY	××××××	××〜××
オプションZ	××××××	××〜××

葵はパワポのスライドを一枚進めた。

「サービスの概要ですが、今も売っているクラウド型のコンタクトセンターネットワークサービスに、新サービスをオプションとして組み合わせて販売してくことを考えています」

サービスの概要

■ 各サービスの詳細を以下に示すので、何のためのどのようなサービスなのか捉えてほしい

新サービス	詳細	価格帯（仮）
オプションX	コールセンター能力の増減ニーズに、2日以内で対応するためのサービス。リコール対応や、特定商品の広告、期間限定イベントなど、時期によって問い合わせ量が大きく変動する可能性がある顧客に応えるためのサービスである。主にイベントやプロモーションを行う企業向け	××〜××
オプションY	従来のコンタクトセンターサービスに加え、スマートフォン向けのノンボイスサービスなど、コンタクトセンター運用に必要なさまざまなチャネルに対応。有人チャットやチャットボットを中心としたノンボイスサービスの提供	××〜××
オプションZ	アンケート調査や情報提供などのテレマーケティングから商品紹介、購入促進、リテンションまで対応。 豊富なノウハウと事例・実績を活用し、顧客の声を基に具体的なスクリプト設計、品質向上と効果的なアウトバウンドを実施	××〜××

「オプションXはコンタクトセンターの能力増減のニーズに、二日以内に対応するためのサービスです。リコール対応や特定商品の広告、期間限定イベントなど、時期によって問い合わせが増えたときに――」

「続いて、オプションYですが――」

「そしてオプションZですが――」

葵の説明が淡々と続いていく。部長たちの反応は、よく分からない。ちゃんと話を聞いてくれているのか、興味があるのか、全然分からない。葵は次第に焦り始めてきた。（どうしよう…）

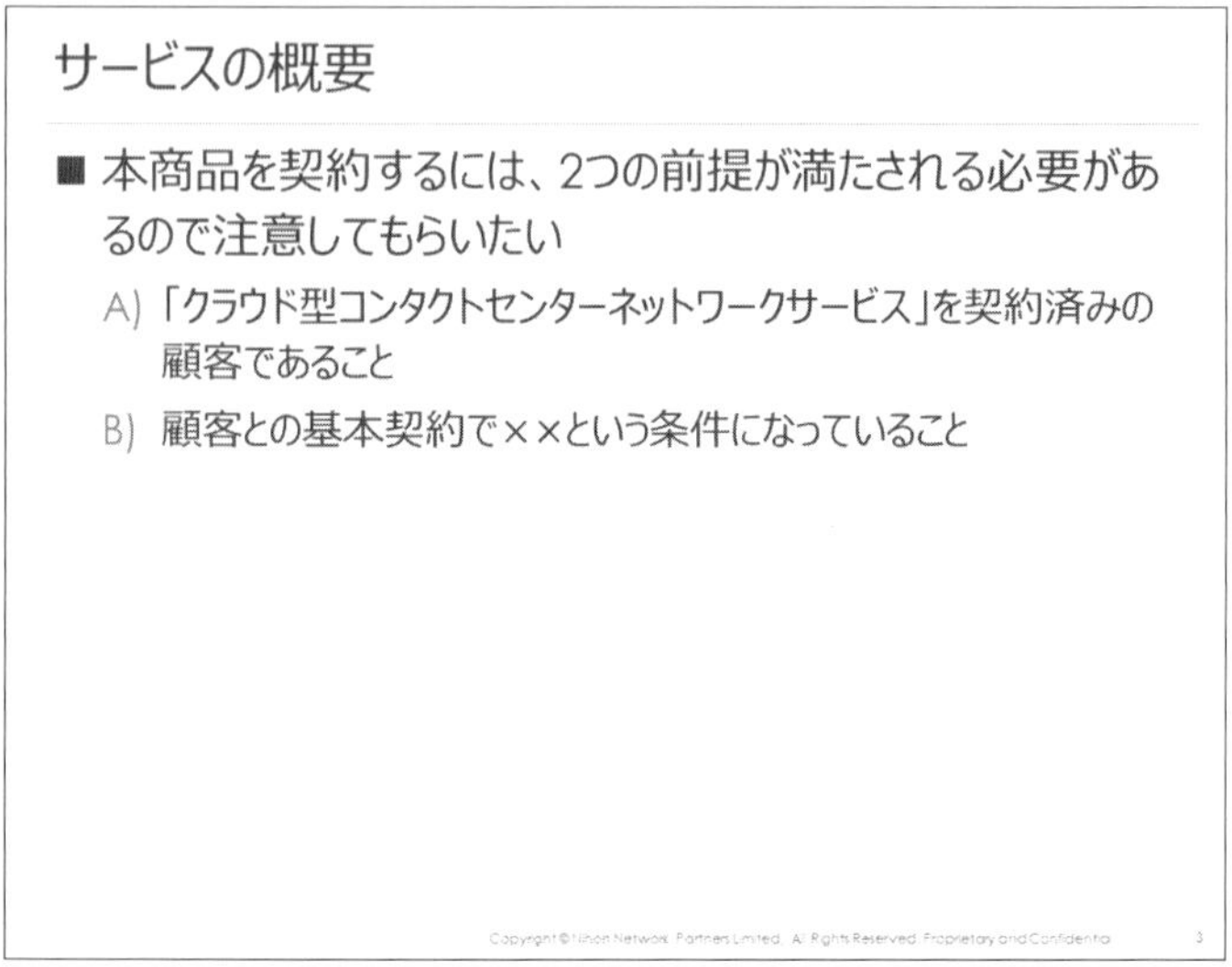
サービスの概要
■ 本商品を契約するには、2つの前提が満たされる必要があるので注意してもらいたい
A) 「クラウド型コンタクトセンターネットワークサービス」を契約済みの顧客であること
B) 顧客との基本契約で××という条件になっていること
Copyright © Nihon Network Partners Limited. All Rights Reserved. Proprietary and Confidential
3

「続いて注意点です…。あの…。サービスの契約には二つの前提を満たす必要があります。一つは、クラウド型コンタクトセンターネットワークサービスを契約済みのお客様が対象であるということです」。（ああ、大丈夫かな…、さっきから何の反応もないよ…）

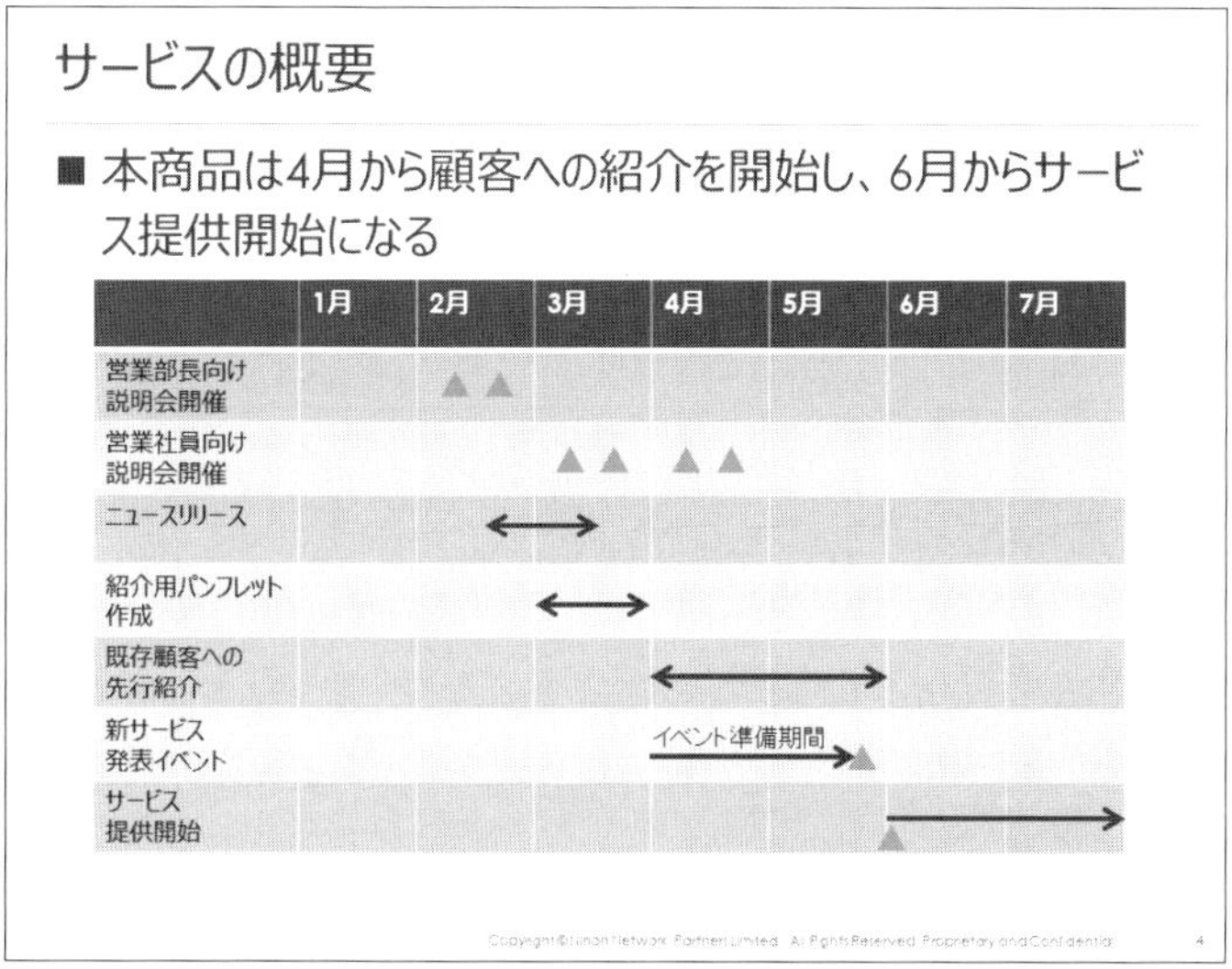

「スケジュールはこうなります。えーっと、六月のリリース前にいろいろなイベントが入っていまして、ニュースリリースやパンフレットの作成などが続き、同時に既存顧客への紹介も進めていきます」

ここまで一気にしゃべってきた葵は一瞬、間を置いて、気持ちを落ち着かせようとした。

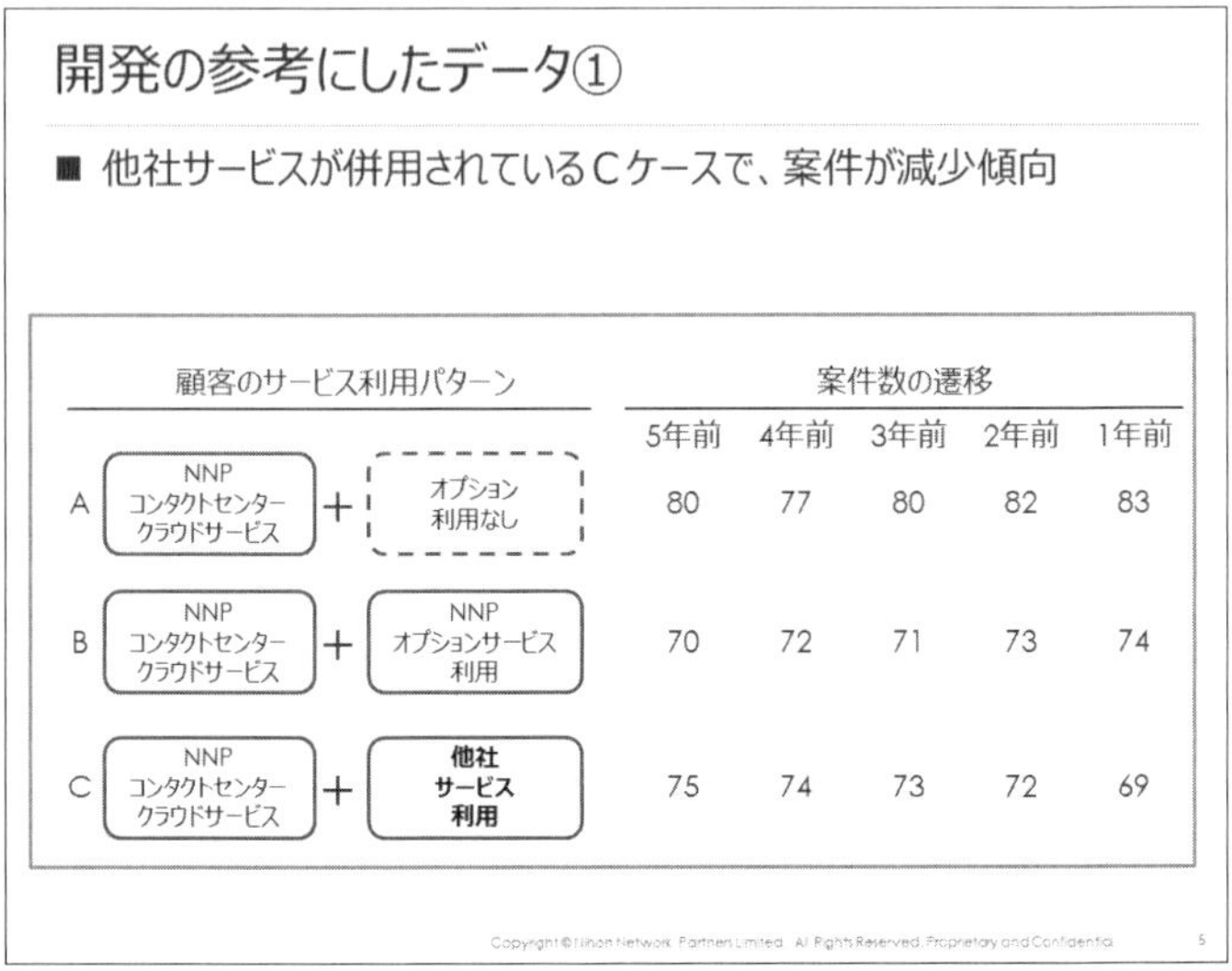

開発の参考にしたデータ①

■ 他社サービスが併用されているCケースで、案件が減少傾向

顧客のサービス利用パターン			案件数の遷移				
			5年前	4年前	3年前	2年前	1年前
A	NNP コンタクトセンター クラウドサービス	＋ オプション利用なし	80	77	80	82	83
B	NNP コンタクトセンター クラウドサービス	＋ NNP オプションサービス利用	70	72	71	73	74
C	NNP コンタクトセンター クラウドサービス	＋ **他社サービス利用**	75	74	73	72	69

 5

「こちらが新サービスの検討に当たって分析したデータです。その結果から今回のサービスを作るに至りました」

依然として葵だけが話しているような、何とも言えない重い空気が会場に漂っている。葵の緊張はどんどん増していく。話せば話すほど、部長たちとの距離が離れて行く気がしてきた。

サブサービス		NNP	A社	B社
システム系サービス	CRMシステム	○	○	○
	IVRサービス	○	○	○
	CTIサービス	○	△	○
	SNS・チャットオペレーティングシステム	×	○	○
	AI応答システム	×	○	△
BPO系サービス	切り分け対応（コール）	○	○	○
	切り分け対応（ノンボイス）	×	○	○
	技術要素対応	○	△	○
	マニュアル・FAQ作成	○	△	○
	アウトバウンドコール	○	△	○
解析系サービス	データ解析・最適化提案	△	○	○
	対応品質診断	△	○	○

会場の微妙な雰囲気に押されて、葵のプレゼンも駆け足になる。

「次ですが…。こちらは参考データです。見ておいてください」

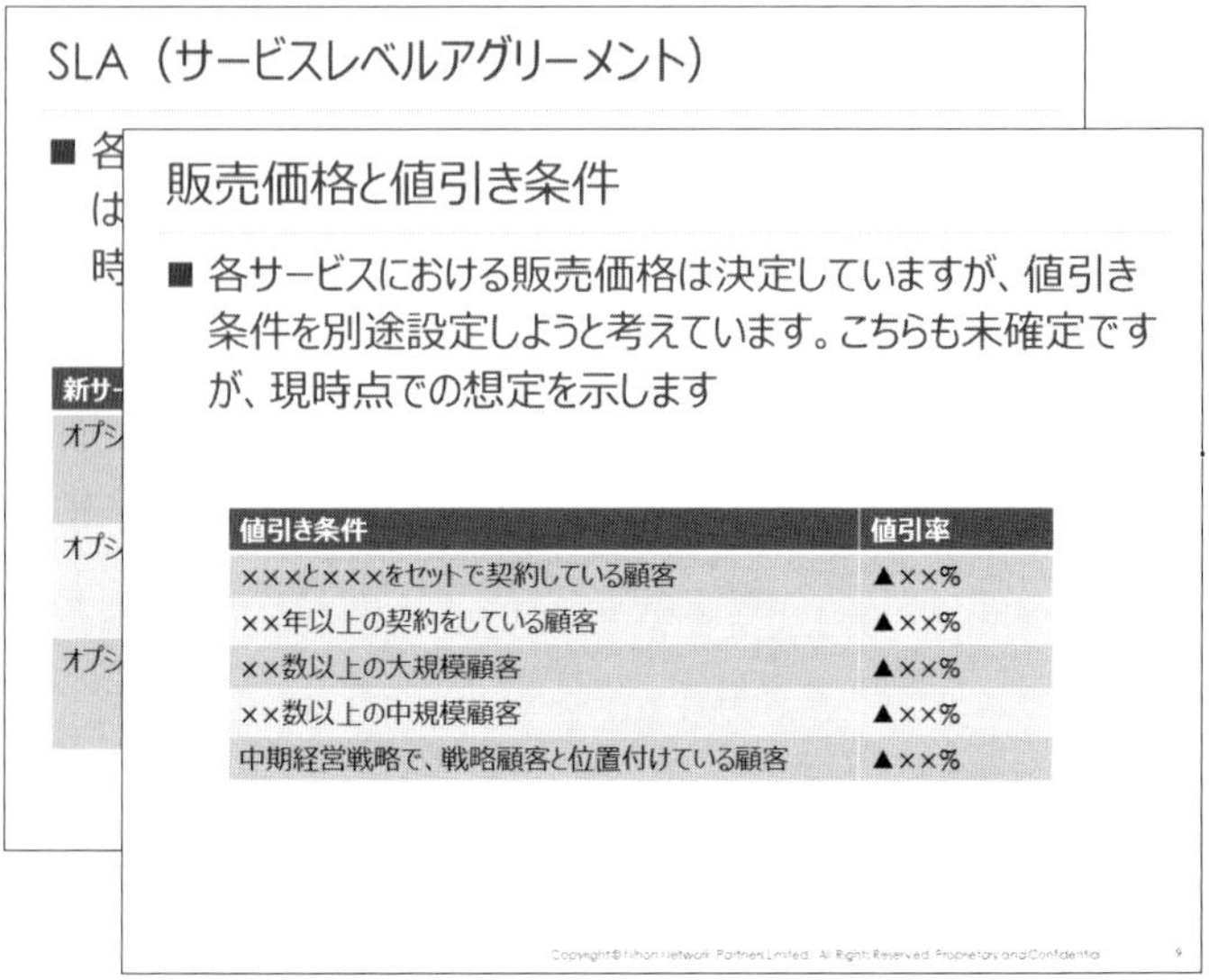

■ 各サービスにおける販売価格は決定していますが、値引き条件を別途設定しようと考えています。こちらも未確定ですが、現時点での想定を示します

値引き条件	値引率
×××と×××をセットで契約している顧客	▲××%
××年以上の契約をしている顧客	▲××%
××数以上の大規模顧客	▲××%
××数以上の中規模顧客	▲××%
中期経営戦略で、戦略顧客と位置付けている顧客	▲××%

「次はサービスレベル保証についてです。まだ確定していませんが——」。（早く終わらせたい…。もう嫌だ…。なんで誰も反応してくれないの？）

「販売価格と値引き条件はこちらです。これもまだ未確定ですが——」

次で最後のスライドだ。

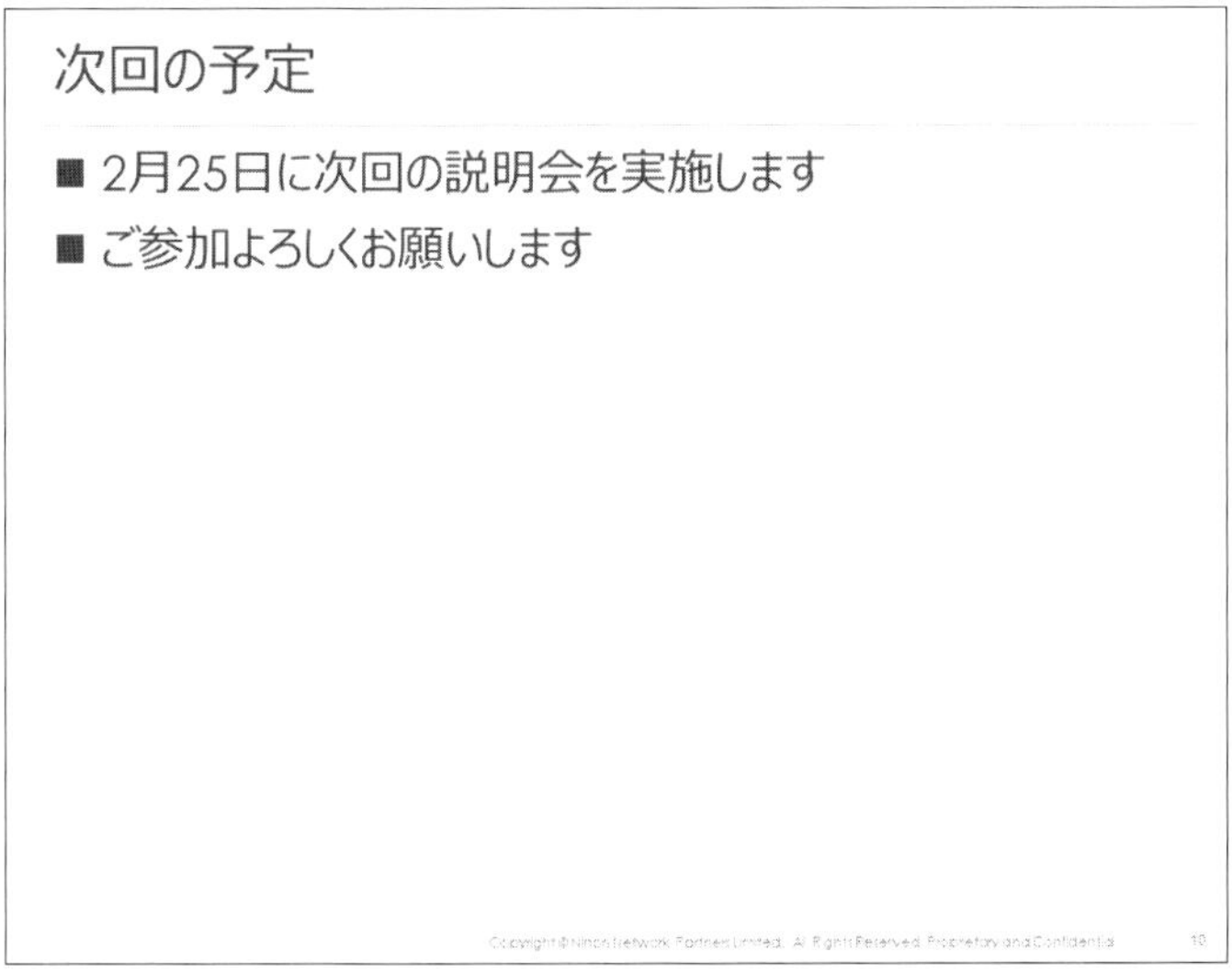
次回の予定
■ 2月25日に次回の説明会を実施します
■ ご参加よろしくお願いします

「次回は二月二十五日に説明会を実施します。ご参加をお願いします。以上です」

何とか倒れずに、葵は最後まで話し切った。数十分のプレゼンで、精神的にも体力的にも限界だった。

（やっと終わった。どうだろう…）。葵はドキドキしながら、会場を見回した。三河は腕を組みながら、下を向いたままだ。どう見ても、いい反応には思えない。（ダメだったみたい…）

しばらく会場を沈黙が支配する。他の部長たちは明らかに、三河の発言を待っている。そんな空気の中、おもむろに三河が口を開いた。「これさあ」。ようやく三河は顔を上げたものの、目をつぶったままだし、眉間のシワがさらに深くなっている気がする。

「俺は分かるよ。これまでに何度か話を聞いてきているからな」

ここでカッと目を見開く。

「でもよ、初めて話を聞いた人がこの説明で分かるか？　他の部長たちは全然理解できていねえと思うぜ」

（きた…。だからイヤダったのよ…、もう助けてほしい…）

「そうですかね…、すみません。ほ、他のみなさんはどうですか？」。葵は顔を引きつらせながらも、会議ファシリテーションで培った「他の人に振って意見を引き出す」動きをしてみる。だが部長たちの反応は芳しくない。

「そうねぇ…」「アレだな…」となるばかりで、「理解できた」とも「できなかった」とも取れない曖昧な反応ばかりしている。

（何、この反応…）。葵はもはや泣きそうだが、三河は気にも留めずに続けた。

「ほら見ろ。だからよ、ハッキリ言って全然分かんねえんだよ。この説明で現場の営業が売ろうと思えるワケ？」

「…」。葵はもう何も言えない。

「なあ、西山君。あんたが黙ってちゃあ、分かんねえよ。これって我が社の戦略案件じゃなかったの？　営業たちがそっぽ向いたら、売れるもんも売れねえんだぞ」

「もちろん、そうです。私たちも気合いを入れてやってきています。だからこそ、みなさんにも時間を取ってもらって…」

西山が何とか前向きに答えようとしている。

「おお、そうだよな。でもよ、この資料はプロジェクトメンバーが言いたいことをただ並べただけにしか見えないんだよ。俺も言いたいことは分かってんだけどよ、そう見えるって話だよ」

「すみません…」。西山もこれ以上、言い返せない。

「話の流れもツギハギっぽいしな。営業メンバーは理解できなくなると、すぐに話を聞かなくなるぞ。営業の立場も考えてくれよな」

「えっと…。一応考えたつもりなんですが…」

「だからよ！　つもりじゃダメだって言ってんだよ‼」。三河の語気に、会場は一瞬シーンとなる。三河は「ふう」と息を吐いて腕を組み直し、背もたれに体を預けると、椅子ごとぐるりと体を回転させる。「ねえ、堀井さん。どう思います？　俺がおかしいですかね？」。三河は後ろに座っていた堀井に水を向けた。

「三河の言うことはもっともだな。現場の営業の理解と協力が、今回の新サービス成功の鍵を握っている」

「でしょ？」

（ちょっと、堀井さん。何で助けてくれないの…）

「ただ今回は、君たち部長への説明だからな。このくらいで分かってもらえると思ったんだろう？　中身は何となく理解できただろ？」

（堀井さん！）。葵は心の中で拍手を送る。普段は三河と同じくらい怖い堀井が、今は救世主に見える。

「それはそうですね。次の営業課長たちへの説明がしっかりしていれば、一〇〇歩譲って良しとしますよ。俺もこの取り組みを成功させたくて、あえて強い口調で言っているだけですから」

「三河の気持ちは分かっているよ。営業全員が一丸となって協力してくれるように、プロジェクトチームも努力しているからな。支援を頼むぞ」

「分かっています。西山君。そういうことだから、次はビシッと頼むぜ」

その後、三河は葵に向きなおると「それでいくつか質問があるんだけどよ――」と、何事もなかったかのように中身の話を始めた。その後、どんな受け答えをしたのか、葵はほとんど覚えていない。でも営業課長向けの説明会に向けて、大きな宿題をもらってしまったのだけは確かだ。もう失敗は許されない。

――部長たちがいなくなったプロジェクトルーム。葵がうなだれていると、西山が話しかけてきた。

「どうしようか…」。西山も頭を抱えている。「まあ、あとは僕が考えるから…。ごめんね」。西山は葵をかばってくれているが、それがむしろ申し訳ない。

「いえ、私のせいです」。しょげかえる葵。でも正直に言って、何が悪いのか全然分からない。

分かりづらい、思いが伝わらない、ツギハギだらけ、営業の立場で考えていない、売る気になれない――。

三河の発言は分からなくもない。でも具体的にどうすればいいのか、よく分からない。（これで、どう修正しろっていうのよ…）

あとは自分が考えると言った西山も恐らく、葵と同じで策を持っていない。三河から強烈なダメ出しを食らったにもかかわらず、どう対処したらいいのか見当もつかない。これはかなり致命的な状況だった。

――噂はすぐに社内に広がる。遠いサンノゼにも、あっという間に伝わったらしい。

「三河さんにいろいろ言われたんだって。大丈夫か？」

片澤が心配して葵に電話をかけてきた。

「なんで知ってるの？　昨日の話なのに」

「あの後、テレビ会議でさ、柏が教えてくれたんだよ」

「柏さんが？」

「三河部長に強烈なダメ出しを食らったって。柏もその場にいたんだってな？　大丈夫か？」

「うーん。…。まあ、大丈夫かな…」。でも葵の口調は大丈夫そうではない。

「その声は全然大丈夫じゃないでしょ？　俺に手伝えることはない？」

葵には意外な一言にだった。（あれ？　片澤さん、今日は優しいかも。普段だったら「あっ、そう？」で終わりなのに…）

「ちょっと話を聞いてもらえると…、うれしいかも…」

片澤も少し驚いていた。（そうか、話を聞いてほしかったんだ。言ってくれないと分からないものだな…。それにしても、柏はさすがだな）

テレビ会議の終わりに、柏は片澤に声をかけていた。別件で話があると。

「――そんなわけで、葵さん、かなりへこんでると思うから、悪いけどフォローしてくれよ。プロジェクトの生死がかかっているんだしな。どれだけ強がっていても、こんなときこそ片澤に助けてほしいに決まってるんだから。あ、間違っても、自分の意見を押し付けるようなマネはするなよな？　葵ちゃんの話を聞いてあげればいいだけだから」

柏の言葉が鮮明によみがえる。

「…で、三河さんはどんな状況だったの？」。片澤に促され、葵は事の顛末を片澤に伝える。

「なるほど、そりゃ大変だったね。実は柏から資料を見せてもらったんだけど、そこまで分かりづらくはないよね」

「そうだよね…。三河さんってさ…」と言いかけて、葵は矢口に言われたことをふと思い出した。

――「発言には見出しをつけてね」――

「三河さんが？」。電話の向こうで片澤の声がする。

「えっと。これは愚痴になっちゃうんだけど。だから単に聞いてくれればいいんだけどね。三河さんの言い方が酷いなと思って。そんな言い方をしなくてもいいのにってと思うの。何がそんなに気に入らないのかな…」

「気持ちは分かるよ」

「すごく理不尽なことを言われている気になっちゃう。言い方にもとげがあるし」。見出しはつけてみたものの、話の中身は愚痴だ。

片澤は少し考えてから話し始めた。「うん。よく分かるよ。これは第三者的な立場での俺の考え方で、葵に押し付けるつもりは全然ないんだけど、こういう意見もあり得るって感じで聞いてほしいんだけど…」。片澤もしっかり発言に見出しをつけている。

「うん」

「三河さんはサービスの中身にはダメ出しをしていなかったんだろ？　あの人、口は悪いけど、会社のことが大好きで、ああ見えて、状況をよく考えて発言しているんだよ」

「そうなの？　私にはそんなふうには全く見えなかったけど…」

「まあ、当事者にしてみれば、そうだろうね。でもさ、もしサービスそのものが気に入らないんだったら、真っ先に中身にダメ出しをしてくるはずなんだよ。そうじゃなくて、伝え方にダメ出しをしてきたとすれば、『中身はいいのに、伝え方の問題で営業課長たちを巻き込めなくなる可能性があるよ。それはもったいないから、営業の気持ちもちゃんと考えて、プレゼンを構成し直してね。そうすれば、きっとうまくいくよ！』って言いたいんじゃないかな」

「片澤さん、超ポジティブ！」

「これは俺の推測だから、実際にどうかは分かんないけど。そういう解釈もできるんじゃないかと思えてさ」

「ありがとう。そういう考え方もありかなって思えてきた。ちょっと気持ちが楽になったかも」

「よかった。じゃあ、どう修正すればいいかというと…うーん」

——二人の間に、しばし沈黙が流れる。

「資料を見てくれたんだよね？　何が悪いのかな？　見た目？　日本語？　図やグラフをもっと工夫するとか？」。葵は思い付きでいろいろ言ってみる。

「そういうことじゃない気がするんだよな」。片澤の声も浮かない。

「そうよね。一枚ものの資料を作るコツは、お父さんに聞いたの。それはちゃんと守っているつもりなんだけど…」

「コツ？」

「このスライドで言いたいことを一言で書くって話。キーメッセージをきちんと書きなさいって言われたの。それがないと、伝えたいことが伝わらないって」

「なるほど、スライドごとに言いたいことか。それは確かに大事だな。でもそれはもうできている気がするな」

相談に乗ると言ってみたはいいものの、片澤も頭を抱えた。自分には決定的な解決策を出せる気がしない。でもこの資料に違和感があるのは確かだ。

電話越しに「ふー」っと二人でため息をつく。そして頭には二人とも同じことが思い浮かんだ。

「あれしかないか」

「そうね、困ったときは…」

「お父さんだな」。葵と片澤の声は七千キロの距離を感じさせず、きれいに重なっていた。

葵の日記

片澤さんと話して、気持ちが楽になった気がした。しかも久しぶりにうまくやり取りできた気がする。意思疎通ができたっていうか。今日のこの気持ちは日記に書いておかないと。

◆見出しをつけてみた

矢口さんに言われた通り、発言に見出しをつけてみたんだけど、あれがよかったのかな？　片澤さんも普段は仕事のことになると特に「俺はこう思う。なんでそういうふうに考えられないの？」って強めに攻めてくるのに、今日は少し違っていた気がする。「俺の考えだから押し付ける気はないんだけど」って、前置きまでしてくれていた。だから私も素直に聞けた気がする。これが見出しの効果なんだろうな。

◆三河さんの本音は何？

それにしても、三河さんが本当はプロジェクトのことを真剣に考えてくれているって、ホントかな？　誰よりもプロジェクトを成功させたいと思っているなんて…。片澤さんに言われるまで、そんなふうには全く考えてみなかったなあ。完全に「敵」だと思い込んでた。でもそうじゃないのかも。

敵視したままだったら、ずっと苦手意識や対抗意識が出ちゃっていただろうな。三河さんの立場からすると、部下たちにきちんと伝えてほしい、部下たちをやる気にさせてほしい、と思ってくれているのかもしれない。

私だって、誰かが大路君にいい加減な説明したら困るもんな。その後、質問を受けたり、モチベーションを上げるのは、結局私の仕事になるし。私、三河さんの気持ちを全然考えられていなかったのかも。

資料作りの７つのＳｔｅｐ

――父は葵が作った新サービスの説明資料にざっと目を通すと、あっさり言った。

「この資料の作り方は、ちょっともったいないな。一番マズイのはストーリーがないことだ」

葵も片澤もどこを直したらいいのか分からず悩んでいたのに、父には改善ポイントが見えているようだ。

「ウチでやっている資料作成のトレーニングを受けるといい。資料作りのコツを踏まえながら、実際に自分の資料を見直していく講義だから、トレーニングが終わったときには改善版ができ上がっているよ」

以前教えてもらった一枚ものの資料作りは初級編であり、長い資料を作るのは基本がしっかりできるようになってからということらしい。社員向けに定期的にトレーニングをやってるそうで、葵の枠も用意してくれるとのことだ。

（資料作りにも段階があったんだ。確かにいきなり大作は作れないか。てゆーか、トレーニングコースがあるなら、もっと早く教えてよ）。もう頼るところは父しかない。

——次の週末、葵は再び父のオフィスにやってきた。今回はプロジェクトメンバーの柏と大路も一緒だ。一人だと心細い。

ダメ元で柏にも声をかけてみたら、意外にもあっさりとOKしてくれた。資料作りのトレーニングに興味があったらしい。

トレーニング会場は、先日片澤がサンノゼのプレゼンをした部屋と同じ。だが今日は少し雰囲気が違う。島型のレイアウトに変わっていて、五つの島が作られている。三〜四人で一つの島に座るようだ。島ごとにワークショップをしながら、少しずつ資料を再構成していくらしい。

柏も大路も、開放的なオフィスの雰囲気に目を丸くしている。

「はあ。すごいオシャレですねー。ウチもこんなオフィスだったら、もうちょっとやる気が出るんだけどなぁ」。大路は新卒でNNPに入社しているから、他の会社のオフィスを全く見たことがないらしい。「普通の会社はこういう感じなんですか?!」。目をキラキラさせている。

「いやいやいや、普通の会社はNNPのオフィスよりも、ずっと酷いぞ。ウチはまだフリーアドレスだし、進んでいる方だな。この会社がすげえんだよ」。柏はテンションが上がり気味だ。

「やあ、こんにちは。葵の会社の人たちですね。葵がいつもお世話になっています」。父が柏と大路に声をかけた。

「いえ、こちらこそ。葵さんが優秀なんで、とても助けられています。なあ、大路」。柏が得意の営業トークを始める。

「は、はい…！」。大路は急に緊張し始めたようだ。考えてみれば、社外の人に触れる機会はまだ少ない。

父は二人と短いあいさつを交わすと、プロジェクターの前に移動した。葵たちは三人そろって、一つの島に座った。

7つのStepの全体像を知る

「今日は資料作りのトレーニングだ。外部からお客様も来ているから、よろしく頼むな」。父が葵たちを紹介する。

「みんなには、過去に作った資料を一つずつ持ってきてもらっているね？　トレーニングを通じて過去の資料を作り直していくので、各島で資料を一つ選んでくれ」

葵たちの島は柏と大路だけ。扱う資料は最初から決まっている。課長たちへの説明会資料だ。柏も大路も当事者なので話が早い。このトレーニングで作り直せるなら、一石二鳥だ。

「これから話すことは、絶対この通りにやるべき、という資料作りのルールや規則ではない。こうするとうまくいくことが多い、というものだ。仕事にどう取り入れていくかは自分次第だ。今日は基本をしっかり押さえて帰ってもらいたい。そうすれば応用が利くはずだ」

そう言うと、父がスライドを送った。

「念のために言っておくが、今日扱う資料は論文や報告書のようなものではないし、スティーブ・ジョブズがやっていたような、写真を一枚だけ見せてプレゼンするようなものでもない。普段、会社で使う会議の資料や、説明会用のパワポの資料をイメージしてもらうといい」

葵たちが作ろうとしている営業課長向けの説明会資料には、ピッタリな内容だ。

「では早速、全体像から押さえていこう。**資料作りは、7つのStepに分解できる**」

社内では資料作りの7つのStepと呼んでいるらしい。こうして体系的に整理されていると、それだけで分かりやすい気がする。

「特徴的なのは、**Step6までパワポは立ち上げないことだ**。よくあるのは、いきなりパワポに向かって手を動かそうとすることだが、それは最後だ。我慢してくれ」

父の話を聞いて、柏が腕を組む。そして「そう言われてみると、俺はいきなりStep6から始めてるなあ」と小さくつぶやいた。

「Step1から順を追って進めていくのがセオリーだと考えてほしい」

「伝わる」資料を組み立てる7つのStep

Step1 発散

自分が話したいことを、思いつくままに書き出す

Step2 主張と要望

言いたいこと+相手にしてほしいことを一言で表現する

主張：要するに ×× です。

だから

要望：×× をしてください。

Step3 相手の状態

コミュニケーションの相手と、その人の状態・状況を明確にする

相手は誰?
何を期待している?
何を知っている?
何を知らない?
何を疑問に思う?

Step4 シナリオ

Step1 で出した情報をスライドごとに内容を分割し、構成を決める

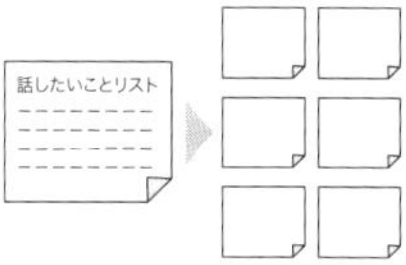

Step5 ラフスケッチ

パワーポイントに落とし込んだときのラフスケッチを描く

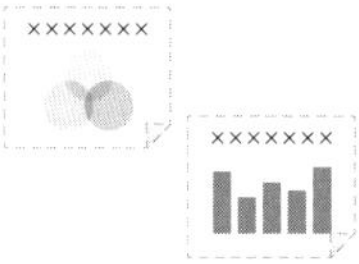

Step6 電子化

Step5までの情報を基に、パワーポイントのスライドを作る

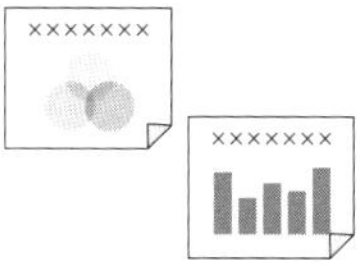

Step7 レビュー

一晩寝かせ、聞き手の気持ちで読み返して修正する

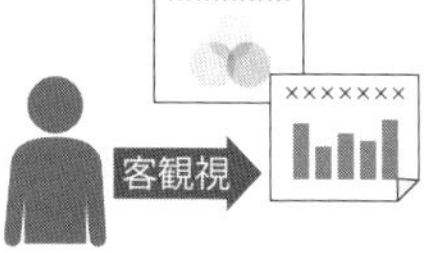

Finish!

Step 1 **思考を発散させる**

What To Do

父が話を続ける。「まずはStep1、発散だ。**とにかく自分の頭の中にあるものをどんどん書き出していってみよう**」

そう言って、父はこめかみをトントンとたたいてみせる。

「頭の棚卸しだ。殴り書きでも箇条書きでも文章でも何でもいいから、どんなことを話したいのか、思い付いたことから迷わず書き出すんだ。頭の中で考えていることは見えているようで見えていないし、自覚できているようで自覚できていないんだ。**書き出すことで、頭の中が紙に転写されるイメージだ。**あとはそれを眺めながら思考を深めて、形

Step1　発散する

What To Do

- 話したいことを、思いつくままに書き出す

Point

- とにかく、頭に浮かんだことをそのまま書き出す
- 文章でも、箇条書きでも自由な形式で書く
- 考えを吐き出して、客観視してみることが大事

を整えていけばいい」

Try Out

「早速やってみよう。過去に作った資料は脇に置いておいてくれ。改めて、資料で伝えたいことを思い付くまま、紙に書き出す。早速、始めてくれ」

柏も大路も「ふーん」という顔つきで、テーブルに置かれたA4用紙を手元に引き寄せる。

「五～一〇分でいいから、まずは一人で書き出して」

（思い付くまま、書き出せばいいのね）

葵は紙とペンを取ると、伝えたいことを書き出してみた。

（まとまっていなくていいのよね）

葵のメモ

・最も伝えたいのは、新サービスの概要
・価格やサービスレベル、注意事項を伝えたい

・このサービスがどのくらい重要で、価値があるのか
・あとは…、売るときの注意事項
・リリースのスケジュール、いつから売っていいのかを理解してほしい
・ロケットスタートしたいから、事前にプロモーションをしたい。その協力をしてくれるとうれしい
・本当は、プロジェクトチームがどれほど苦労して、ここまでたどり着いたのかも伝えたい。それは余計か
・セット割引などの値引きルールも話したい
・新サービスがメインのサービスではなく、オプションサービスだということも重要かも
・なぜそういう設計にしたのかも伝えたいな

(うーん。このくらいかな)。全然まとまっていないが、いろいろ書き出せた気がした。柏も大路も思い思いに書き出している。気が付けば父が、葵たちのテーブルをのぞき込んでいた。葵が視線を向けると、父は笑顔を向けた。

「演習中はこのテーブルに張り付いていようと思ってね。お客様だし」

「別にいいのに」

「ありがたいことじゃないですか。全然まとまっていないんですが、こんな感じでいいんですか？」と大路が父に尋ねる。

「いいよ。変に整理して書こうなんて考えなくていい。まずは全部吐き出すことが大事なんだ」

「わっかりました！」

父と大路のやり取りを聞いていた柏が、独り言のようにつぶやいた。

「こうやって書き出してみると、営業的には伝えたいことが結構あるな…」

それを聞いて反応したのは葵だ。

「そうか。私は営業的な視点が足りないのかも」

二人の会話を受けて、父がコメントを挟む。「そうなのかもしれない。だけどこの段階では、良しあしや過不足は気にしなくていい。まずは自分の頭の中を吐き出して見える化する。整えていくのは、次のＳｔｅｐだ」。葵と柏が同時にうなずく。

「さて、他のテーブルもできたかな？」

父は各島の状況を確認してから、スライドを先に進める。

Step 2

主張と要望を考える

「二つ目のStepでは、主張と要望を明らかにする。一枚の資料を作るときは、このスライドで言いたいこと、つまり、キーメッセージを考えただろ？」

コンサルタントたちが一斉にうなずく。キーメッセージの考え方は全員に浸透しているようだ。

「あのときは『このスライド』で伝えたいことを考えたわけだ。今回は『この資料全体』で伝えたいことを明らかにする。それが主張になる」

「全体か…」。葵がつぶやく。

「**この主張が資料全体を貫く軸になるんだ。**これがないまま情報を詰め込むと、途端にとっちらかった資料というか、何が言いたいのか分からない資料になる」

（うっ、そういうことか…）

「**コツは、主張と要望を分けて考えることだ。**一枚ものの資料のときは伝えたいこと、つまり主張だけだったが、複数枚の資料になるとそれだけでは足りなくなる」

「主張と要望って、どう違うんですか？」。コンサルタントの一人が質問した。

「主張は伝えたいことだよね。それは資料の作り手の視点だろ？　自分は何を伝えたいのかという話だ。**要望はその結果、相手にどうなってほしいのかという視点なんだ**」

「なるほど。伝え手と受け手の両方の立場から考えるってことですね」

「そう。一方的に伝えて終わりではなく、伝えた結果として相手を変化させたいはずだ。頑張って伝えたのに、相手が何も変わらなかったら、ただの独り言になるだろ？」

（うっ、確かに…）

「じゃあ、具体的にどうすればいいかというと、このフレームに当てはめて、主張と要望を考えればいい」。父が次のスライドを映し出す。

「例えば、こんな感じだ。『この資料を通じて（ペーパーレス化が業務効率に大きく寄与する）と伝えたい。だから、（ペーパーレス化の候補の洗い出しに協力してほしい）』とか」

『あるいは『この資料を通じて（複合機は三つの手順で簡単に使える）と伝えたい。だから、（複合機を使おうと思ったときに困らない状態になって）ほしい』という感じだ」。プロジェクターに映し出されたスライドを、全員が食い入るように見ている。

「間に『だから』が入っていると違和感があるかもしれないが、ここがミソだ。よくあるミスは主張と要望がかみ合っていないことなんだが、『だから』を入れてチェックしてみると、これを防げる」。父が主張と要望を交互に指さしながら、説明する。

「もう一つ。要望として、相手に何らかの変化を期待するわけだが、**期待する変化には三種類ある。行動の変化、状態の変化、感情の変化だ**」。父がさらにスライドを進める。

「要望を行動だけで考えると行き詰まることがある。例えば、会社説明会の場面を考えてみると分かりやすいが、会社の魅力や特徴を伝えたからといって、いきなり『ウチに入社してほしい』とはならないだろ?」

Step2　主張と要望を明らかにする

What To Do

- **主張（言いたいこと）を一言で表現する**
- **要望（相手にしてほしいこと）を一言で表現する**

この資料を通じて

（主張）

と伝えたい

だから、

（要望）

ほしい

父が一瞬ためをつくって、受講者を見渡す。

「だとすると『状態の変化』を狙おうとすれば、どういう設定になるかな?」。父がコンサルタントに問いかける。

「えーっと、『他の会社との比較ができる状態になって』ほしいとかですか?」

「いいね。『感情の変化』を狙うならどうなる?」

今度は別のコンサルタントが発言する。

「うーん。『面白そうな会社だと感じて』ほしい、とか」

「そんな感じだ。行動・状態・感情。この三つのどの変化を狙うかを意識すると考えやすくなる」

Step2　主張と要望を明らかにする

●相手に期待する変化は、3つに集約される

【伝えることの3つの狙い】

期待する変化	聞き手にしてほしいこと	プレゼンの種類
行動の変化	計画を立ててほしい 我が社に入社してほしい 車上荒らし対策をしてほしい 判断してほしい 承認してほしい	依頼／申請／稟議
状態の変化	議論できる状態になってほしい 説明できる状態になってほしい 困らない状態になってほしい	情報共有／ 取り扱い説明／ 利用ルール説明
感情の変化	驚いてほしい 楽しんでほしい 安心してほしい 感心してほしい 興味を持ってほしい　など	自己紹介／会社紹介

Try Out

「さあ、やってみよう。Ｓｔｅｐ１で書き出したメモを眺めながら、主張と要望を紙に書いてみてくれ。まずは一人でやってみよう」

先ほどのスライドが紙で配られる。小学校のときにテストでやった、穴埋め問題のようだ。

「できたら、チームで共有。たぶん全員バラバラになるはずだから、そこからは議論をして、チームで一つの主張と要望にまとめてくれ」

父の指示を受けて、受講者が一斉にＡ４用紙に向かう。本当にテストみたいだ。二～三分たっただろうか。葵も柏も大路も書き出せたようだ。お互いに手が止まってるのを確認し合うと、柏が「どんな感じになった？」と二人に水を向けた。

〈3人が書き出した主張と要望〉

大路

この資料を通じて
新サービスをリリースします と伝えたい
だから、
新サービスを理解した状態になって ほしい

葵

この資料を通じて
新サービスの概要はこれです と伝えたい
だから、
新サービスを売れる状態になって ほしい

柏

この資料を通じて
このサービスは営業の幅を広げる新しい武器になります と伝えたい
だから、
お客様への紹介を始めて ほしい

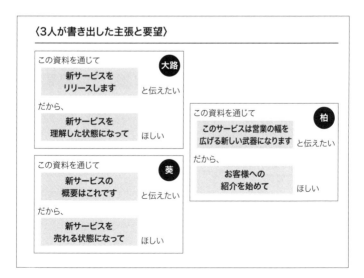

三人はお互いの紙をのぞき込む。

（三人とも微妙に違うな）。葵にはそう思えた。気が付けば、父がまた横から紙をのぞいている。

「まず確認すべきことは主張なんだが、今回伝えたいことは『リリースします』ってことなのかな？　告知がメインということ？」

「えーっと…」。大路が言いよどんでいると、葵が続けて答えた。

「告知は前からしているわよね。今回はサービスの中身をちゃんと話さないとダメだと思うの」

「俺もそう思うな」

「だとすると、サービスの中身が伝えたいことなんだろうけど、葵が書いた『概要はこれです』ではイマイチだな。分かるか？」。父が聞いてくる。

「そうなのよねえ」

「ちょっと考えてみてほしいんだが、新聞の見出しに『昨日の首脳会談の概要はこれです』って書いてあったら、おいおい、『これ』ってどれだよって思わないか？」

「それはそうだけど…」

「それに対して『首脳会談では関税の引き下げについて議論された』と書いてある方が読み手は受け止めやすいだろ？」。そう言われると、確かにそうだ。

「新サービスの概要を一言で言うのは難しいのかもしれない。だけど無理やりにでも一言でくくると、どうなると思う？　それが主張になるはずだ」

「俺のはどうですか？」。柏が自分のメモを差し出した。

「うん。これはいいね。『営業の武器になる』と伝えたいんだね。伝わってくるよ」

「よし！」。柏がガッツポーズする。だが大路が小さくうなった。


「何か引っかかる？」。葵がすかさず拾う。

「うまく言えないんですが、営業の武器になるっていうと、売り上げが上がるって感じじゃないですか…。営業に同期の土屋がいるんですが、あいつ今期の売り上げをずっと気にしているんですよ」

「そりゃ、そうだ。それが営業だよ」

「それで、期待をもってこの新サービスの中身を見てみると、オプションサービスの話であって、バンバン売り上げが立つという感じではないですよね。そうなると営業としては、武器になるって言われても、あまりピンと来ないんじゃないかって気がして…」

「確かにそれはあり得るな。何だ、少額のサービスじゃないかって思われて、興味を持ってもらえないかもしれない」。柏が相づちを打つ。

「そっか！　今回のサービスは売り上げがどうこうじゃなくて、メインとオプションを合わせて契約を取りにいくことで、長期的にお客様といい関係を作るのが狙いじゃない。それが私たちが伝えたいことなんじゃない？」

「ほほー。サービスの中身というよりは、どういう位置づけのサービスか、営業にとってどんなメリットがあるのかを伝えたいというわけか」

「確かにそうかもな。じゃあ、『この資料を通じて(新サービスが、既存顧客との中長期的なリレーションの強化に有効なんです）と伝えたい』って感じかな？」。柏が新しい紙に走り書きしながら確認する。葵も大路も納得だ。これで主張は固まった。次は要望だ。

「次はこれを伝えたことで、相手にどうなってほしいかだね。三人が書いた要望の中で、最も座りが良さそうなのはどれかな？」

「柏さんがまとめてくれた主張に続く要望ってことよね」。葵が柏の走り書きを指さす。

「だとすると…」。葵は三人が書いた要望を並べてみた。

・新サービスを理解した状態になってほしい（大路）
・売れる状態になってほしい（葵）
・お客様への紹介を始めてほしい（柏）

「何か、どれも違う気がするな」。柏が頭をかく。

「うーん。もっと単純に売る気になってもらいたいんだよな」

柏は自分が営業の立場で説明されたときのことを想像してみた。

「売る気にさえなれば、あとは勝手に勉強するんだよ、営業って」

「なるほどですね！　それならしっくりきますね」。大路が得意の相づちを打つ。

「だとすると、こういうことね」。葵が柏の走り書きの下に一文追加する。

――この資料を通じて（新サービスが、既存顧客との中長期的なリレーションの強化に有効なんです）と伝えたい。だから（おっ、これは良さそうだ。売ってみたいなと感じて）ほしい。

三人はお互いを見合って、異議なしという顔をした。何だか資料に考え方の軸が通った気がする。

他の島も作業が完了しているようだ。会場が熱気を帯びてきている。実際に手を動かして資料を作っていく要素が大きいのか、単に座って話を聞くだけの研修とはまるで違うエネルギーを感じる。

父は「さあ、次にいこうか」と全員に呼びかけて、再びプロジェクターに注目を集めた。

Step 3

相手の状態を考える

What To Do

「Step3は相手の状態を確認する工程だ。主張と要望を伝えることで、相手を『今の状態』から、『将来の状態』に変化させる」。スライドには、人と人とを矢印でつないだ絵が現れた。

「そのためには『今の相手の状態』をきちんと把握できていないと、うまくいかない。当たり前だよな」

（それはそうなんだろうけど…、漠然と相手の状態を考えると言われてもなあ…）。葵がそう感じた瞬間、父がそれを悟ったかのように続けた。

「だからといって、いきなり漠然と考えろと言われてもつらいだろうから、簡単なフレームを用意した。相手の状態を考えるための穴埋め問題だな」。また次のスライド

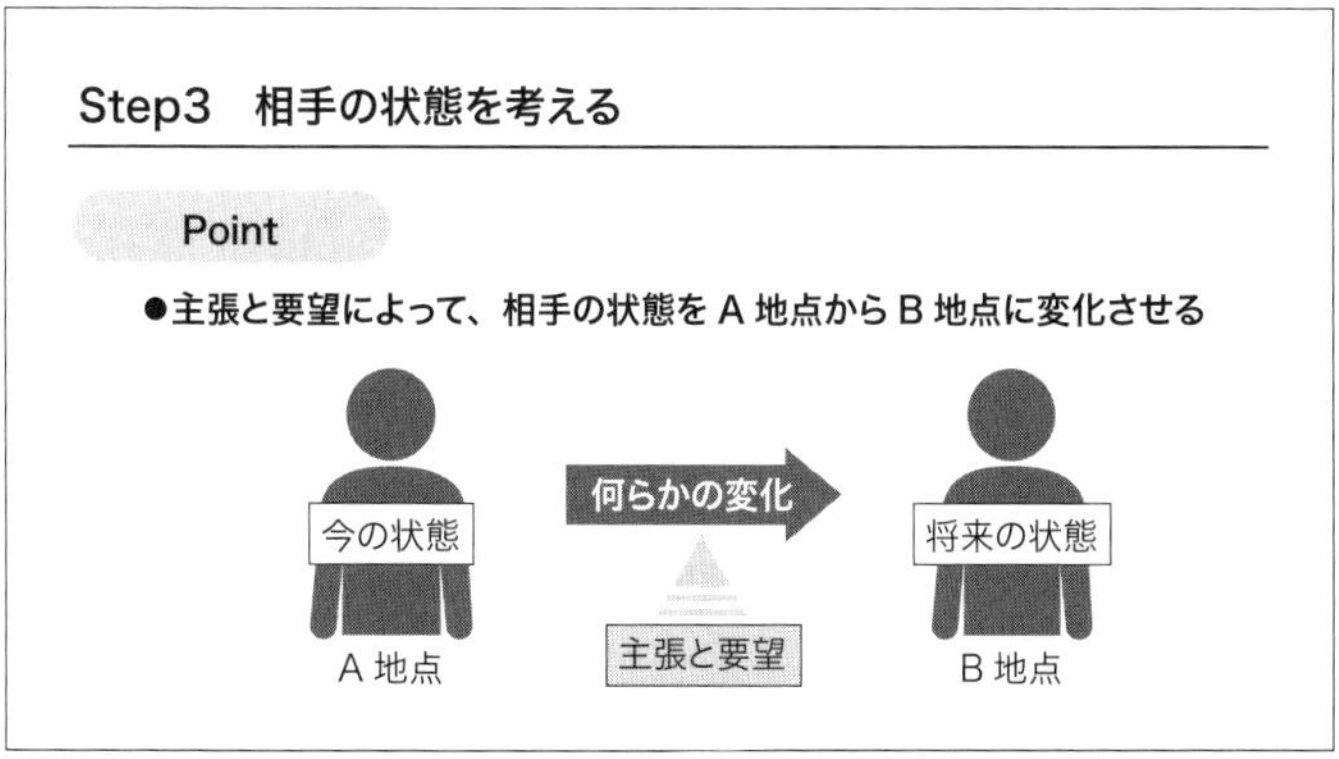

が映し出される。

「これを上から順に埋めていけばいい」

（なるほどね。これならできそうだけど…）

「あの、質問です」。葵が手を挙げた。

「相手のことがよく分からないんですが、そういう場合はどうしたらいいんですか？」

「いい質問だ。結論から言うと、無理やりにでも想像力を働かせてもらいたい。知らないながらも、イメージしてみることはできるだろ？　きっとこうなんじゃないかって」

「でも、その想像が違っていたら？」

「それは仕方ないな。自分の想像力が足りていなかったんだろう。次から補正すればいい。でも間違っているかもしれないから、全く想像しないというのはおかしくないか？」

「それはそうね…」

Step3　相手の状態を考える

What To Do　●伝える前の「相手の状態」を考える

①相手は誰か？

②相手は何を知っているのか？

③相手が知りたい、あるいは、疑問に思いそうなことは何か？

「本当に全く分からないのなら、相手に直接聞きに行ったっていい。社内用の資料なら、資料を見る人は身近にいるはず。ちょっと相手の所に行って、聞いてくれれば済むことだ」

「うっ…。確かにそんなこと、全然やれていないな」。葵が思わず声を漏らす。

言われてみれば、ごく当たり前のことだ。なのに普段、全くやっていない。

（知識としては知っていた気がするのに、なぜこんなに実践できていないのだろう…）。葵は不思議で仕方がなかった。しかし、父の声で現実に引き戻される。

Try Out

「さあ、手を動かしてみよう。相手のことが分からなくても、イメージを膨らませることが大事だ。これは最初からチームでやってくれ」

「やりましょうか。まずは『①相手は誰か？』ね」

「相手は当然、営業の課長たちですよね」。すかさず大路が発言し、それを葵が書き留める。

「じゃあ、次。『②相手は何を知っているのか？』」

「何を知っているのかな。今のサービスメニューや競合の状況とか…」。大路がつぶやく。

「それから営業の大変さや安定した売り上げを作る難しさとかもな」。柏が大路に乗っかってくる。

葵は次々と紙に書き込んでいく――。

「これくらいかな？　最後は『③相手が知りたい、あるいは、疑問に思いそうなことは何か？』。これは難しいな」

「知りたいことはやっぱり、新サービスの内容や価格、リリース時期とかですかね」。大路が額に手を当てながら考える。

「そうだな。俺なら販売ノルマがあるのかとか、販促ツールや販売支援はあるのかとかを知りたいな」

「なるほどですね。営業視点ですね」。大路が感心する。葵と大路だけで考えていると、どうしてもサービスを作っている側の視点になってしまう。そこに柏が営業の視点を入れてくる。

「あとは…。なぜ今このサービスなのか？、とか。メインの大型サービスではなく、サブのオプションサービスを投入するのはなぜかも疑問に思うだろうな」

「あー。確かにそうかも！」。葵と大路は柏の発言にいちいちうなってしまう。

「営業ってさ、お祭り好きなんだよ。どうせやるなら、新しいメインサービスを作ってくれよって思っているはずなんだ」

「説明会でそんな質問が飛び交う様子が目に浮かぶなあ」。葵はため息をつく。

わずかな時間でも、三人でやってみると、いろいろな話が出てくる。三人寄れば文殊の知恵だ。でもこれだけの疑問に全部答えようと思ったら、かなり大変そうだ。

「みんな書き出せたようだね。これで資料を作るための土台は固まった。次のStepでいよいよ中身に入る。その前に少し休憩しよう」

——ここで一〇分間の休憩。父の会社の社員は伸びをしたり、トイレに立ったり、飲み物を取りに行ったりしている。

「いやー、疲れたけど、楽しいですねー」。大路も大きく伸びをする。

〈3人が書き出した相手の状態〉

①相手は誰か?

営業の課長たち

②相手は何を知っているのか?

今のサービスメニュー
競合の状況
営業の大変さ
安定した売り上げを作っていくことの難しさ
新サービスプロジェクトが動いていること

③相手が知りたい、あるいは、疑問に思いそうなことは何か?

サービスの内容と価格
リリースの時期
どのくらい見込みがあるサービスなのか
販売ノルマがあるのか
販促ツールや販売支援があるのか
なぜ今、このサービスなのか
メインサービスではなく、サブサービスなのはなぜか
結局私は何したらいいのか

柏はぐるぐると首を回してる。「そうだな。たまにはこういうトレーニングもいいなー。営業のメンバーにも受けてもらいたいよ」

「無理やり誘っちゃいましたけど、来てよかったですか?」。誘った手前、葵は二人の満足度が気になっていた。

「もちろん!」

書き出すことで思考が見える化される(Step1)

「例えばさ」と柏が続ける。「Step1で書き出してみて、自分は結構いろいろと考えているんだなって分かった気がする」と柏が話し出した。

「それは私も同じ。でもその割には、あんまりまとまっていないってことも分かったかも」と葵が続ける。

「僕は頭の中が整理された感覚がありました」と大路。

「葵さんと柏さんが考えていることも分かって良かったです。僕にはない視点がたくさんあって、何か自分の風呂敷が広がった気がします」

柏と大路の話を聞いて、葵はホッとした。

(良かった。トレーニングは無駄じゃなかったみたいね)

要望（してほしいこと）は抜け落ちやすい（Ｓｔｅｐ2）

休憩も取らずに、三人は自然と振り返りや感想の共有を始めている。それだけ気付きが多かったということだろう。

「僕はＳｔｅｐ2の『要望』が頭に残りました。伝えたいことだけ伝えてもうまくいかず、そこから相手にどうしてほしいのか、どう動いてほしいのかまで考えないとダメなんですね」。大路はそう言いながら土屋のメールを思い出していた。

（してほしいことがハッキリしていないと、あんなメールになっちゃうんだな）

「営業しているときも同じで、『お客様にどう動いてほしいのか』をイメージできている営業担当者はよく売れるんだよな」

「なるほど！　そうなんですね」。大路は土屋が鳴かず飛ばずの営業であることを思い出し、妙に納得してしまった。

相手の状態を考える人はほとんどいない（Ｓｔｅｐ3）

「Ｓｔｅｐ3は、柏さんの想像力がすごかったです」。そう言いながら、大路はテーブルの上のお菓子を物色し始めた。そういえばテーブルにはチョコレートなどのお菓子が置いてあったのに、誰も全然手を出せていなかった。

(いいなあ、チョコ!)。葵の頭は食べ物のことでいっぱいになる。

「僕は全然、営業さんたちの気持ちを想像できませんでした」

「俺は営業なんだから、思い付いて当然なんだよ」

営業の視点が入ったのはありがたかった。

「でも…。これを全部、資料に盛り込もうとしたら、大変じゃない?」

「それより、それだけのチョコを一度に口に放り込むのもかなり大変そうだけどな」

気が付けば、葵の目の前にはすごい量のチョコが確保されている。

「え? 全部食べるつもりじゃなくて! どれにしようかなあと思って」

大路が笑っている。「全部食べないってば」。三人のやり取りを眺めていた父が声をかけてきた。

「全部食べると、太るぞ」

「お父さん! 食べないってば」

「選んでいるんだよな」。父がニヤニヤしている。

「相手が知りたいことや疑問に思いそうなことも同じだよ。まずは全部並べてみて、最後に取捨選択すればいい。全て盛り込む必要はないよ」

チョコの話をＳｔｅｐ３につなげる辺りは、さすがだ。

「Ｓｔｅｐ３で書き出したことは、あくまでも想像だろ？　だから重要そうな部分に絞って資料に盛り込めれば十分。それに盛り込まなくても、こういう質問が来たらどう答えようかと考えておくだけでも意味がある」

「想定問答をイメージしておくってことか」

「なるほどね。でもそんなこと、普段やらないよね」。葵が次々とチョコを口に入れながら言った。

「だから問題なんだよ。主張だけしておしまいになっている。相手を動かすつもりなら、相手の状態を考えるのは当たり前なのに」

相手の状態を考えることが当たり前。確かにその通りだ。

（私は普段、片澤さんの状態を考えているんだろうか…）

次のチョコが葵の口の中に消えていく。

（毎日の生活にも共通する部分がいっぱいありそうだな）

「葵さん、食べ過ぎ」。次から次へと消化されていくチョコを見て、大路が大笑いしている。

「うっ、これでもうおしまい」。テーブルの中央に残りのチョコを押し返す。

そろそろ休憩は終わりのようだ。「みんなそろってるか？　そろそろ再開するぞ」。父が会場を確認する。

Step 4 シナリオを組み立てる

「さあ、７つのＳｔｅｐの後半戦だ。ようやく資料作りの前段が整った。そろそろパソコンに向かいたくなってきただろう？」

何人かのコンサルタントが「待ってました」とばかりに、パソコンに手をかける。

「おいおい、でもまだ早いぞ。パソコンどころか、あのグラフを入れようかとか、この表を挿し込もうとか、中身を考えることすら早い」

「それもダメなんだ」。大路からも声が漏れる。

「うん。中身に入る前に考えるべきことがまだある。スライドごとのキーメッセージを書き出すことだ」。そう言って、父がスライドを送る。

What To Do

「やってほしいことは二つ。まず、こんなイメージで、キーメッセージをどんどん書き出していく。Ａ４用紙の上部にキーメッセージを書くんだ」。父がスライドを指さしながら、説明をする。

「次に、書き出したキーメッセージを接続詞で結んでいって、一つのシナリオを作る」。さらにスライドを送る。

「**接続詞でつなごうと思うと、文章の流れを強く意識することになる。**余計な情報が入っているとうまく流れないし、言葉足らずになってもいけない。スライドとスライドの間を接続詞でつないでみると、過不足がないか見えるようになる」

父は右手を大きく、上から下へと動かして、流れを表現してみせた。

「なるほどー。国語の授業みたいだな」

「大路君、いいことを言うね。**伝えるということは、つまり作文なんだよ。**数学じゃない。ロジカルさや裏付けのために数学はもちろん必要になるが、その前に作文。国語だ。みんな習ってきたはずなのに、できていない人が大勢いる」

Step4　シナリオを組み立てる

What To Do

- 「キーメッセージ」を書き出す

車上荒らし対策をしっかり立ててください

車上荒らしに遭うとこんなに大変です

これだけ被害が増えています

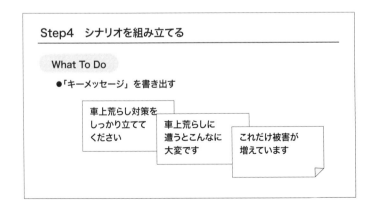

父の話すトーンが尻上がりになってきている。こういう哲学的な話になると、父の演説は止まらなくなる。

「まして、美術の授業なんかじゃない。多くのビジネスパーソンはきれいな資料や見栄えのいい資料を作りたがる。だけど、大事なのはそこじゃない！」

（やっぱりなあ）。葵は苦笑いするしかない。

「いいかい？　大事なのは伝えたいこととストーリー。言い換えれば、熱い思いと国語だ。そこが抜けていると、逆立ちしたって伝わらない。見た目だけきれいに取り繕って自己満足してる人が多すぎる――あっ！」

父は演説に熱が入り過ぎて、最後にはコーヒーをこぼしてしまった。会場に笑いが起こる。

（やっちゃったよ）。葵だけは笑えない。

Step4　シナリオを組み立てる

What To Do

●キーメッセージを「接続詞」でつないで、シナリオを作る

車上荒らしに遭うと
こんなに大変です

「しかも」

これだけ被害が
増加しています

「だから」

車上荒らし対策を
しっかり立ててください

Try Out

「まずは伝えたいことを書き出せばいいのよね」

葵がA4用紙とペンを取る。「どんどん言ってくれれば、全部書き出しますよ!」

「そうだなあ。まず『このサービスはメインサービスでなく、オプションサービスなんです』ってことは伝えた方がいいよな」

「Step3で出た話ですね」。葵はサラサラと紙に書き留める。

続いて大路が手を挙げる。「『リリーススケジュール』『新サービスの概要』とかですかね」

葵が書くのを見て、横で聞いていた父が口を挟む。「すごくいいんだが、キーメッセージは口語体で考えた方がいいぞ」

「なるほどですね! 口語体か…。…えーっと…。何ですか、それ?」

「大路君、大丈夫? 話し言葉のことよ。本当に国語からやり直した方がいいかもよ」

父がおかしそうに笑っている。

「リリースのスケジュールや新サービスの概要という表現は体言止めで、ブチっと切れて終わるような書き方だ」

「そうですね」

「誰かと話をするとき、こんな言い方はしないだろ？　話すように『リリースのスケジュールについて伝えたい』『六月からリリースするスケジュールです』といった具合に、何かを伝えようとする表現にした方が効果的なんだ」

「うーん。先輩たちからは、文章は体言止めで短く書けと言われてきましたけど、体言止めはダメなんでしょうか？」

大路は父に遠慮せず、質問をぶつける。

「体言止めは文章を短くしようとするときには都合がいい。でもね、**伝えたいことがハッキリしていないうちに体言止めを乱用すると、何が言いたいのか分からなくなってしまうんだ**」

大路は黙って聞いている。理解しようと努めているのだ。

「リリーススケジュールとだけ言われても、リリーススケジュールが決まっていないのかもしれないし、リリーススケジュールを考えてほしいのかもしれない。それが聞き手には分からないんだ」

「そこまで言わなくても分かるような気がするんですが…」

「それは伝える側の論理なんだよ。少なくとも、初めて話を聞いた僕はリリーススケジュールが何なのか、全く分からないよ」

「そうか」と声を漏らしたのは柏だ。

「さっき主張を考えたとき、『××ということを伝えたい』という言い方をしたけど、あれと同じですね？」

「その通り。（リリーススケジュール）と伝えたいわけじゃないだろ？」

「なるほどですねえ。そういうことか」。ようやく大路は理解できたようだ。

「絶対禁止と言うつもりはないよ。伝えたいことをハッキリさせた後で、体言止めを使って文章を短くするのはありだ。だけど、その場合は、プレゼンターから補足説明が必要になるね」

「何かしっくりきました」

葵はこんなふうにしつこく質問をする大路に驚いていた。少し前までは、ただ黙っておとなしく話を聞いているだけで、何の反応もなかったのに。仕事の引き受けスクリプトの一件以来、大路が少しずつ変わってきた気がする。

（大路君も成長しているのね）。葵がいろいろなことに頭を巡らせていると、父と息子のような二人はどんどん話を進めていく。

「じゃあ、『六月にサービスをリリースするスケジュールです』とすればいいんだ」

「いいじゃないか」

「こっちは『新サービスの概要は以下の通りです』かな？」

「うん。ほら葵、ちゃんと書き留めないと」

「はいはい…」。書いてみると、結構出てくる。

「それから『なぜ今オプションサービスを新設するのか』って話もしたいよな」

「そうですね。『分析の結果、オプションサービスを利用していないお客様は解約率が高くなると分かった』という事実も大事ですかね」

「それそれ。『他社とのサービスを比較した結果、当社はＳＮＳ（交流サイト）・チャット対応・ＡＩ（人工知能）対応が弱いということが判明したので、そこを強化したい』という話も伝えたいよな」

あっという間に、机の上はキーメッセージでいっぱいになった。忙しくなってきた。

「いやあ、随分出ましたね」

「とりあえず、これを並べ替えてみるか。接続詞でつなぐんだよな？」

三人はキーメッセージを出し切ると、今度は言葉の並べ替えを始めた。トランプの七並べのようだ。

「ここの流れが悪くないか？」

「ここととそこがつながっていない気がします」

「そこにもう一つ、メッセージを足した方がよくないか？」

「いや、そうすると、この後の流れがよく分からなくなっちゃいませんか？」

一つひとつのキーメッセージは問題ないのに、つなげて一つのストーリーを作ろうと思うと難しい。短い文章は書けるが、論文や小説を書こうとすると途端に難易度が上がるのに似ている。

「サービスレベルの話も伝えたいけど、今回は要らないかもな。情報が多すぎるし、流れに乗せづらい気がしてきた」

「思い切って、補足資料に回しちゃいましょうか？」

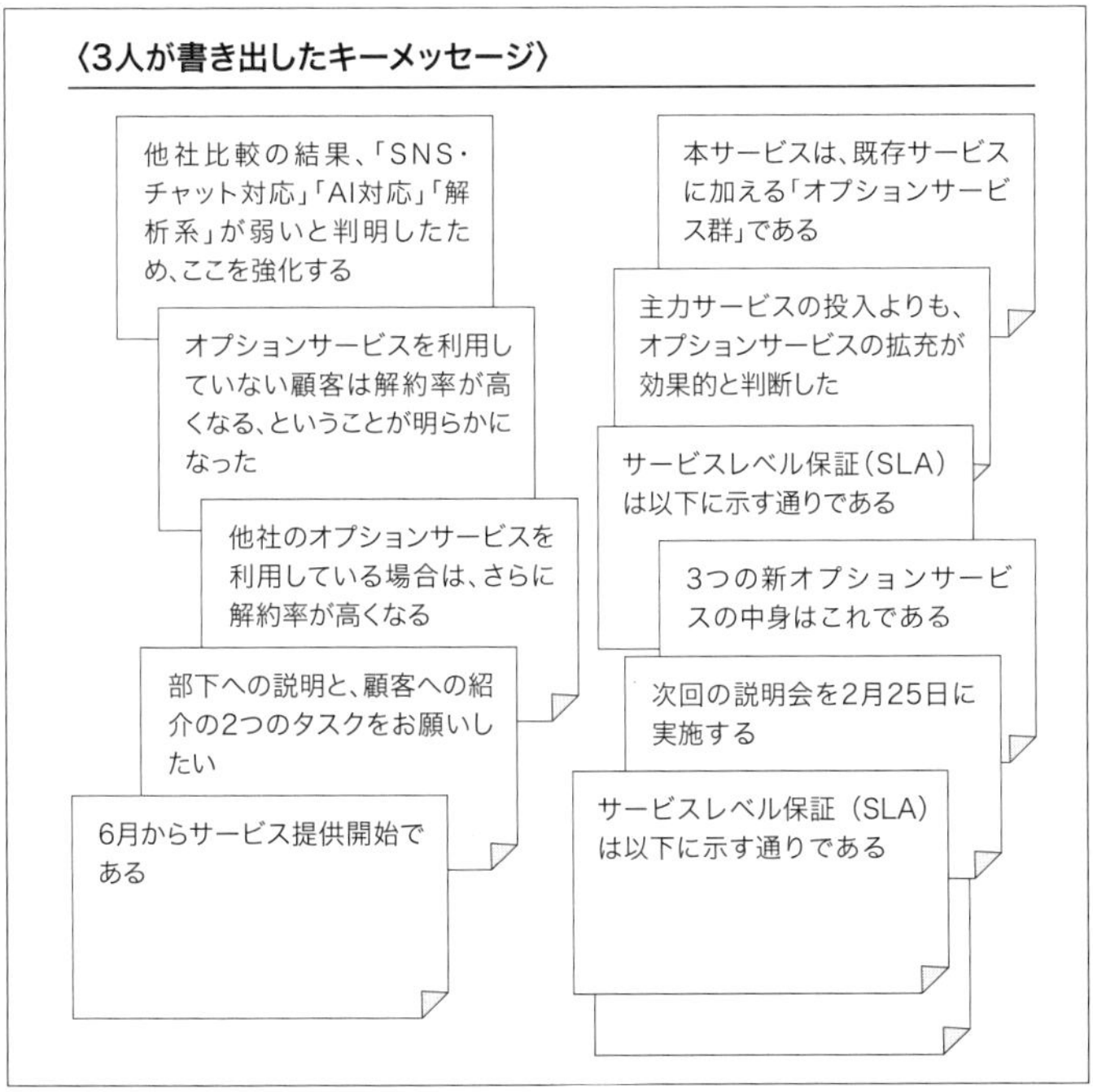
〈3人が書き出したキーメッセージ〉
他社比較の結果、「SNS・チャット対応」「AI対応」「解析系」が弱いと判明したため、ここを強化する
オプションサービスを利用していない顧客は解約率が高くなる、ということが明らかになった
他社のオプションサービスを利用している場合は、さらに解約率が高くなる
部下への説明と、顧客への紹介の2つのタスクをお願いしたい
6月からサービス提供開始である
本サービスは、既存サービスに加える「オプションサービス群」である
主力サービスの投入よりも、オプションサービスの拡充が効果的と判断した
サービスレベル保証（SLA）は以下に示す通りである
3つの新オプションサービスの中身はこれである
次回の説明会を2月25日に実施する
サービスレベル保証（SLA）は以下に示す通りである

三人は並べたキーメッセージを前に頭を寄せ合って、議論を続けている。始めから通して読み返してみると、引っかかるところが見えてくる。接続詞を変えてみたり、スライドのメッセージを変えてみたり、スライドの順番を入れ替えたりしながら、全体の流れを整えていった。

　こうして三〇分ほどが過ぎたころ。ようやく形になった。

「うん。こんな感じか

〈シナリオ化されたキーメッセージ〉

【最初に】
本説明会の狙いは、2つあります

【そのための】
Agendaは以下のようになります

【まず】
本サービスは、既存サービスに加える「オプションサービス群」であると理解してもらいたいです

【しかし】
なぜ、今メインではなく、オプションサービスなのか？

【なぜなら】
オプションサービスを利用していないお客様は解約率が高くなるからです

【さらに】
他社のオプションサービスを利用してる場合は、さらに解約率が高くなります

【つまり】
オプションサービスに加入してもらうことが重要です

【よって】
主力サービスの投入よりも、オプションサービスの拡充が効果的と判断しました

【具体的には】
他社比較の結果、「××・××」が弱いと判明したため、ここを強化します

【さらに具体的に】
3つの新オプションサービスの中身を紹介します

【ただし】
本商品を契約するには、2つの前提を満たす必要があります

【残る疑問は】
スケジュールですが、6月からサービス提供開始の予定です

【なので】
部下への説明と、顧客への紹介の2つのタスクをお願いしたいです

【最後に】
次回の説明会を2月25日に実施します

な！」

「おっ、できたか？」。父がストーリーに目を走らせる。

「なるほど、左上に接続詞を書いたんだ。これはいいね」

「ちょっと強引なところもあるけど。これでいいの？」

「ああ。『残る疑問は』とかは厳密には接続詞ではないが、これでいい。接続詞と言っているのは、文章のつながりを意識するため。だから文法上の接続詞じゃなくもていい。キーメッセージ同士をつなぐ言葉になっていれば、いいんだよ」

そういうことかと、葵がうなずく。

「いい流れじゃないか。分かりやすい」

「やった！」とばかりに、大路が少し胸を張る。

確かに並べたキーメッセージを上から順に読むだけで、何が伝えたいのかがよく分かる。

（これがキーメッセージとシナリオのチカラなんだ）。トレーニングに来るまでは全く先が見えず、途方に暮れていたが、これなら何とかなりそうだ。

Ｓｔｅｐ５、６、７は一枚ものの資料作りと同じ

残すは三つのＳｔｅｐだが、今日のトレーニングはここまでらしい。残りのＳｔｅｐ（ラフスケッチ、電子化、レビュー）は一枚ものの資料作り（第２章）と同じだから、解説は不要という判断らしい。

「みんな、疲れただろう。手と脳を随分使ったからな」

かなりの疲労感がある。でも心地いい疲れだ。時計を見ると、あっという間に四時間が過ぎていた。受講者は思い思いに体を動かしたりしている。

「最後に、今日の振り返りをしてほしい。ここまで７つのＳｔｅｐに沿って、まだ途中だが実際に資料を作ってみた。一通りやってみて気付いたことや質問を洗い出してみてくれ」

いつもの振り返りだ。自然に葵がファシリテートする。

「本当に勉強になったな。資料を作るうえでの基本的な作法を教えてもらえた気分だよ」。柏は満足そうだ。

「私も同じ。今までどれだけ漫然と資料を作っていたのか、思い知らされたな」

時間がかかるのではないかという大路の疑問

「僕も同じです。7つのＳｔｅｐが大事なのはよく分かりました。でも、これってすごい時間がかかりませんか？」

大路の素直な問いかけに柏が答える。

「逆だよ。むしろ全体の工数は絶対に少なくなるぞ」

「そうですか？」

「私もそう思うな。特にＳｔｅｐ2とＳｔｅｐ4ができていれば、その後の手戻りは劇的に減ると思う」

葵は一枚ものの資料作りで、その効果を実感していた。西山課長とのやり取りは格段にスムーズになった。大路のように、いきなりパワポを立ち上げる習慣が染みついていると、紙を使った作業はまどろっこしく感じてしまうのだろう。急がば回れだと、葵は思った。

「主張と要望がピシッと決まっているのは大きいな」

「分かりますけど、**主張と要望も、相手の状態も、考えるのに時間がかかりませんか？**」。珍しく、大路が食い下がる。この疑問には父が答えてくれた。

「今日は練習だから、個人で考えた後にチームで共有して議論までしているけど、一人でやるなら、Ｓｔｅｐ１〜３までは五分くらいでできるよ」

「えー。でも言われてみれば、そうかも…」。大路が天を仰ぐ。

「五分かあ。五分を惜しむ意味はないよな。何か面倒だなと思い込んでるだけなのかな」

慣れてくれば、やり方は自由

「そうかもしれないね。慣れてくれば、毎回紙に書き出す必要はない。今回は分かりやすく進めるためにそうしたけど、考え方をしっかり身に付けたら、やり方は自由でいい。**私はパソコンにキーメッセージを箇条書きして、コピペしながら並び替えたりしているよ**」

「それはいいな」

「相手の状態も、慣れてくると、頭の中で処理できてくる」

「つまり、今日教わったことはあくまでも考え方ってことね？」

「そう。でも忘れないでほしいのは、本来考えないといけないことは、いつでも変わらないということ。時間がないからといって、考えることをおろそかにすると、すぐにグダグダな資料ができ上がる」

大路が「それが僕だな」と頭をかく。

「時間がかかるといって、本来やるべきことを端折るのは筋が違う。時間がかかるというのなら、時間がかからない方法を自分なりに模索してみることだね」。父が大路の肩をポンとたたいた。

エクセルでもワードでもやるべきことは同じ

「僕はエクセルやワードでも資料を作るんですが、そのときはどう考えればいいんですか？」

大路は物怖じせず、本当によく質問をするようになった。

「よく同じ質問をもらうんだけど、パワポでもエクセルでも変わりない。主張と要望を明確にして、相手の状態を考え、キーメッセージをつないでシナリオを作る。その結果をパワポにするか、ワードやエクセルに落とし込むかの違いだけなんだ」

「うーん…」。まだ腑に落ちてなさそうな大路を見て、父が続ける。

「ちょっと紙を貸してくれ？」。そう言って、父は絵を書き始めた。

「こんな感じで、キーメッセージごとにゾーニングをして、話を展開すればいい」

「そういうことか」。大路は手を打った。「確かに、何に書き出すかは関係ないかも」

「だろ？　エクセルだって、何かを伝えるため使うなら、シナリオが必要なんだ」

（お父さんがあくまでも考え方であり、原理・原則だと言っていたのはこういうことね。コツをつかめば、応用が効くってわけか）。葵が考えを巡らせていると、大路がまた質問をする。

作業を分担するのにも使える

「ちょっと話がズレちゃうかもしれませんが、もう一つ聞いてもいいですか？　今日の手法って、複数の人でやってもいいし、一人でやってもいいんですよね？」

「もちろん。何人も集まってやると時間はかかるが、その分、精度は上がるだろうな」

「もしかして役割分担するのに有効だったりしますか？」

　父は驚いてみせた。「ほお、そうきたか。Ｓｔｅｐ４までやった後は、分担しやすくなるぞ。キーメッセージさえ固まっていれば、あとは『このキーメッセージに合うように中身を作っておいて』と言えばいいんだから」

[エクセルでのゾーニング]

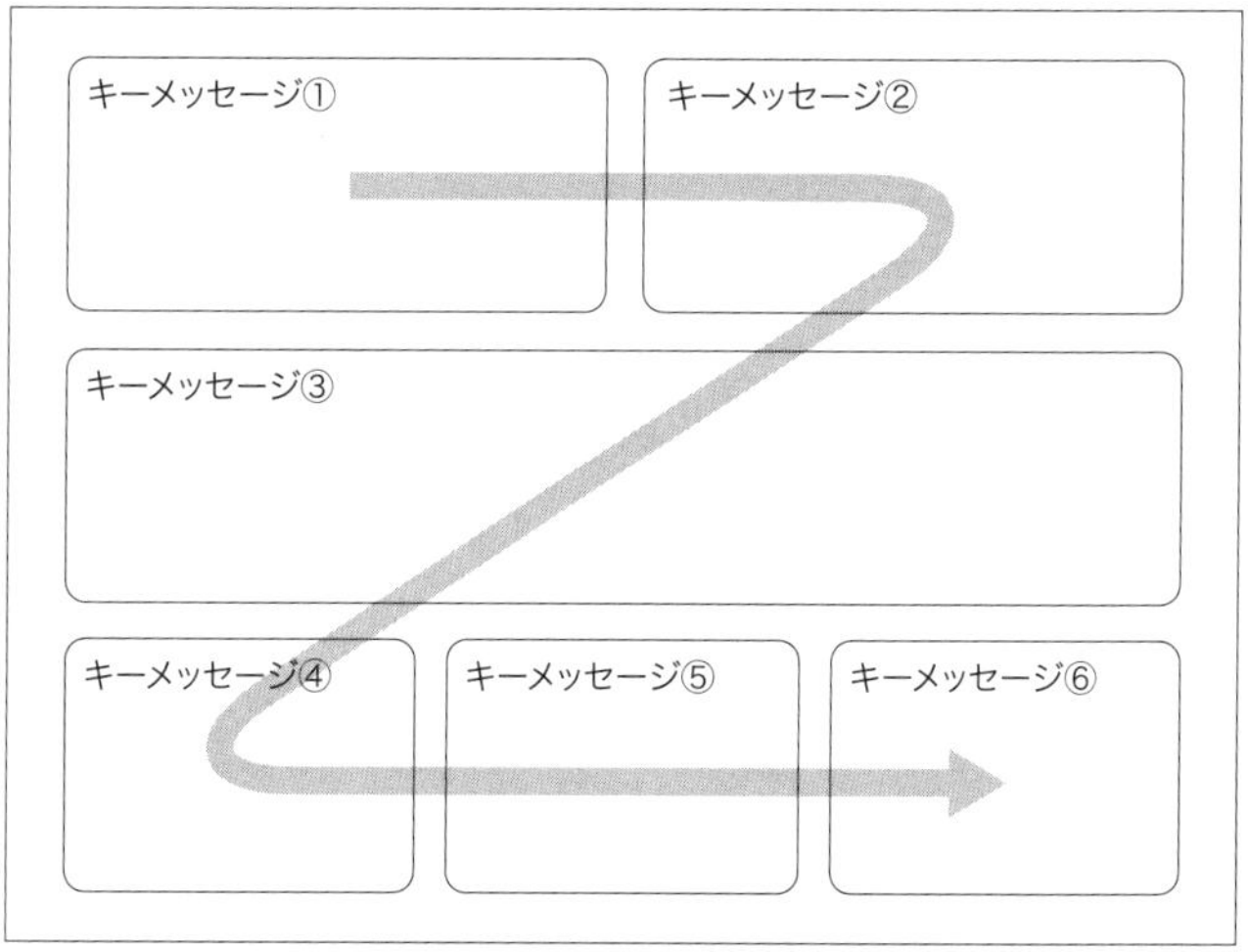

柏も目を丸くしている。「確かに。今度部下とやってみますよ」

「僕みたいな未熟者は、キーメッセージだけで残りの作業を振られると、正直不安ですね。Ｓｔｅｐ５のラフスケッチまでしてもらえれば、さすがに作業はできると思うので、葵さん、そこまではお願いします」

「大路君。キーメッセージだけでいけるでしょ？　甘えていないで、ちゃんとやりなさい」。葵にビシッと言われて、天井を見上げる大路。「葵さん、厳しいな…」。隣で父が笑っていた。

父の日記④

トレーニングは好評みたいで安心した。いくつか伝えきれなかったことを書き残しておくか。

◆若手の訓練に生かす

最後に話が出たが、Ｓｔｅｐ４やＳｔｅｐ５の段階で、作業を分担するメリットは大きい。相手の力量や理解度に合わせて、仕事の振り方を考えればいい。

若手にはまず、Ｓｔｅｐ６以降を任せる。中堅にはＳｔｅｐ５から任せていい。上司と部下が一緒になって、Ｓｔｅｐ３で相手の状態を考えたり、キーメッセージをつなげてシナリオを作ったりすれば、若手にとってはいい訓練になるだろう。上司と部下が共通の方法論を持つことは大切だ。

◆７つのＳｔｅｐがレビューポイントになる

資料作りの７つのＳｔｅｐは、レビューポイントでもある。主張と要望を考えた後や、キーメッセージを書き出して流れを組み立てた後、ラフスケッチを書いた後。それぞれのＳｔｅｐで上司のレビューをもらっておくと、手戻りを大幅に防げるようになる。上司もこのタイミングで進捗を確認しておくと、ズレが少なくて済むし。

それでもガチガチに資料を作り込んでから見せに来る部下が必ずいる。作り込まれた資料を見せられると、中身を細かく指摘したくなるが、その前にＳｔｅｐ４を確認した方がいい。流れがメチャクチャだったら、Ｓｔｅｐ６の指摘をしても、もはやどうにもならない。

そのときによくやるのが、キーメッセージのレビューだ。資料のキーメッセージだけをざっと、部下と一緒に見ていくやり方。キーメッセージがしっかりしているか、流れがつながっているかを、ここで確認しておくといい。

◆結論から始めなくてもＯＫ

三人からは話が出なかったが「結論から話すべき？」という質問もよくもらう。これは「必ずしも結論からでなくてもよい」というのが僕の答えだ。

端的なコミュニケーションをしたいときは「結論ファースト」が効く。でも、聞き手が結論に驚いてしまうような場合は逆効果でしかない。前提の話から一つずつ積み重ねていって、順を追って結論にたどり着いた方が受け止めやすいこともある。まさしく相手の状態に合わせて、使い分けてほしい。

◆ストーリーには王道のセオリーがある

普通に話が通るようにシナリオを作ればいいが、ストーリーには王道もあるので、機会があれば教えてあげたい。話の流れの頭文字を取って、名前まで付いている。

・報告などで有効な「PREP法」
Point（結論）―最初にポイントや結論を述べる
Reason（理由）―その理由を話す
Example（具体例）―例を挙げて、納得を促す
Point（結論）―最後にもう一度、結論を述べる

・プレゼンイベントでよく使われる「SDS法」
Summary（概要）―今日話したいことは、この三つです
Detail（詳細）―一つ目は～、二つ目は～、最後に三つ目は～
Summary（まとめ）―三つの話を通して、一番伝えたかったこと

・営業などの売り込みで使われる「FABE法」
Feature（特長）―他との違いは何か（作業を自動化できる）
Advantage（利点）―どんな効果があるか（承認時間が3分の1になる）
Benefit（利益）―聞き手は何がうれしいか（空いた時間で他の業務ができる）

Evidence（証拠）―それって本当か？

・提案営業などで使われる「ドラえもん法」
困っているのび太（問題）―困りごとは何か？

「はい、タケコプター」（解決策）―解決策は何か？

ひみつ道具の説明（利用方法や利点）―具体的に何ができるのか？　メリットは何か？


これらを頭の片隅に入れておくと、少しは組み立てがしやすくなるかもしれない。

ただ、どんなに王道に沿って流れを組み立てても、日本語の作文として筋が通っていなければダメ。それだけは忘れないでほしい。

◆資料を作るのが目的ではない

これは俺の持論だが…。**資料は伝えるための手段でしかない。**言いたいことが相手に口頭で伝わるなら、資料なんて要らない。キレイな資料を作ることを目的にしてはいけないのだ。

世の中、この本質を見失っている人が多すぎないか。美しく見せるという要素もあっていいが、その前に日本語の作文としてストーリーがつながっているかが大事だ。

資料の大半は社内向けだから、伝えたいことさえ伝わればいい。そのためには見た目や体裁よりも、日本語としてのストーリーが何より大事になるはずだ。組織の論理に振り回されず、大事なことに注力できる世界が来たら、どんなに世界が好転していくことか。

第6章

伝わる
プレゼンテーション

先週受けた資料作りのトレーニングの話を、サンノゼに戻った片澤に報告した。スマホで海を越えられるのは本当にありがたい。葵の話を聞いた片澤は「俺も受けたかったなあ。帰国したら参加させてもらおう」と悔しがっていた。

二人の話題は自然に近況報告になっていく。こういうときも、矢口に教わったコミュニケーションの作法を実践してみる。

「話を聞いてほしいだけなんだけどね」

「うんうん」

「俺もこないだ感じたんだけど」

「最近、大路君が成長していて」

いい雰囲気だ。コミュニケーションがかみ合うと、こんなにも違うのか。

プレゼンのテクニックは全部忘れろ

二人の話はまた、新サービス説明会に戻った。父のトレーニングを受けてから、スライドごとに作業を分担し、ラフスケッチ（Step5）と電子化（Step6）を進めた。柏と大路と三人で手分けして取り組んだおかげで、資料はおおむねできた。残すは本番のプレゼンテーションのみ。

「これは相談なんだけど、資料は無事にできそうなんだけど、いよいよプレゼンをしなくちゃいけないの。プレゼンのコツって何？　片澤さん、上手だから教えてよ」

「また葵がプレゼンするの？　西山さんが話せばいいのに」

「私もそう思うんだけど…」。葵が元気のない声で答える。

「でも、いいチャンスだと思って、頑張れ！」。葵の気持ちを察してか、片澤は前向きなコメントを返す。

「プレゼンのコツねえ。サンノゼに来てから結構鍛えられた気はするけどな。こっちの人は、ハッキリものを言わないと分かってくれないから」

「うんうん。アメリカ人って、そんなイメージがある」

片澤を頼ってはいるものの、葵も自分なりに勉強していた。プレゼンの本も数冊読んだ。

「この前読んだ本には『あー』とか『えーっと』っていう、言葉のヒゲをなくせとか、ちゃんとアイコンタクトをしろ、しゃべりに抑揚をつけろ、自分の言葉で話せ、なんて書いてあったな」

「確かに書いてあるよな」

「片澤さんもそういうのを意識しているの？」

「全然。そんなこと考えてないよ」。片澤がおかしそうに言う。

「え？　ホント？　何で？」

「例えば、『言葉のヒゲをなくそう、なくそう』と思ってしゃべっていると、どんどん不自然なしゃべり方になっちゃうんだよ。意識し過ぎて、逆効果」

「そういうことか…。分かる気はするけど、じゃあ、本に書いてあることは間違いってこと？」

「いや、間違いってわけじゃない。俺も散々失敗してきて分かったんだけど、伝えたいことがしっかりあれば、自然に言葉のヒゲがなくなるんだ。同じように、伝えたいことがあれば、相手と目を合わせようとする。結果的にそうなるだけの話」

「むむっ…」

「プレゼンがうまい人は誰一人として、『あーとか、えーとか言わないようにしよう』なんて思っていないと思うよ」

葵は思わずスマホを持ち替えて、座り直した。「ホント？」

「そうだよ。どんなに口下手な人だって、自分の趣味について語るときはイキイキと、饒舌になるだろ？」

「うっ…。確かにそうかも…」

「伝えたいことがあれば、自分の言葉で語れるようになるんだ。だからさ、**プレゼンの一番のコツは、伝えたいことをきちんと整理しておくことなんだ**」

「なるほどね」

「だから言葉のヒゲなんて気にしなくていい。本質はそこにはないよ」

何だか片澤の話し方が、父に似てきた気がする。

「お父さんのトレーニングで伝えたいことは整理できて、資料も完成したんだろ？」

「うん。スッキリした」

「それで十分だよ」

プレゼンがうまいのは主張できる人

「うまくしゃべろうなんて思わなくていい。アメリカでもプレゼンが上手な人は、英語が得意な人じゃない。自分の考えをビシッと持っている人だよ」

「そうか、そう言われると、段々そんな気がしてきた」

「極端な例だけど、アメリカ人相手に全て日本語で話しかける人がたまにいるんだ。面白いことに、心底伝えたいことがあると、日本語なのに、なぜか伝わっちゃうんだよな。柏がそうなんだけど」

「柏さんって、そんなキャラなんだ。意外！　英語ペラペラそうなのに」

「そうだよな。でも全然、英語はできないんだぜ。だけど柏には、伝えたいことがちゃんとある。だからアメリカ人にも伝わる。逆に棒読みだと、英語で話してもうまく伝わらないんだよ」

「ふーん」

「それくらい、軽く考えなってこと。あとは俺が、昔からこっそり書きためてきた『プレゼンターのべからず7カ条』があるんだけど、参考くらいにはなるかな。今から送るよ」

こういうときにインターネットは便利だ。片澤が向こうでパソコンを立ち上げて、メールでさっと送ってくれる。タイムラグはほとんどない。

片澤からのメールを見て、葵は思わず声を上げた。

「すごい！　ちゃんとまとまってる。ありがとう」

「具体的なことは書けてないし、俺の主観だけどね」

「こういうことをちゃんとまとめられるのがすごいと思う」

（ますます、お父さんみたい）。葵はそう思った。

「少し補足すると、資料を朗読しているプレゼンターが本当に多いんだ。特に日本から来たばかりの人がそうなんだけど、資料に書いてあることをそのまま読んじゃうんだ。でも聞いている

プレゼンターの「べからず」7カ条

1. 朗読するな

書いてあるものを読むのは、プレゼンではない。朗読である。朗読されても全く頭に入ってこない。だから伝えたいことは自分の言葉で語れ

2. 丁寧すぎるな

杓子定規に丁寧に話すのは、伝わることよりも体裁を気にしている証拠。聞き手は体裁よりも、伝わる話を求めている。だから平易な言葉で語れ

3. 相手を置き去りにするな

プレゼンには相手がいる。相手の理解度を意識しないプレゼンは、独り言と同じ。だから話し出す前に、相手の状態を気にせよ。話し出したら常に、相手の理解度を観察せよ。普段の会話でも同じ

4. 自信なさそうに話すな

プレゼンターが自信なさそうにしていると、聞き手は不安になる。だからウソでもいいから堂々と話せ

5. 小さな声で話すな

かなり大きな声でしゃべらないと、聞き手には聞こえない。語尾をハッキリと言い切らないと、聞き手は理解できない。だから、一言一句ハッキリと聞こえるように遠慮なく、大きな声を出せ

6. 座ったまま話すな

プレゼンターが資料のどの部分を説明しているのか、聞き手が見失うことは多い。こうなると話が頭に入ってこなくなる。だから、聞き手を迷子にさせない工夫が必要。自ら前に出て、プロジェクターなどで投映した資料を指さしながら説明せよ

7. ぶっつけ本番はやめろ

1回目のプレゼンは、誰でもグダグダになる。一度も練習せずに、プレゼンができると思うな。時間を取ってくれている聞き手を練習台にするな。だから必ず一度は事前に通してリハーサルをして、本番に臨め

方にしてみれば、読み上げられてもなあって感じ」

「分かる！　退屈よね。アメリカに行く人でもそうなんだ」

「そうだよ。たぶん伝えたいことが自分でも分かっていないから、文字を読むことしかできなくなるんだと思う」

片澤はべからず7カ条を送ってくれただけでなく、自分なりの解釈も加えて説明してくれた。サンノゼでまた一回り、たくましくなった気がする。


「それから、しゃべり方が丁寧すぎる人がいるよね。『――の件に関してましては、私個人の見解ではございますものの、――として対応する所存でございます』とか。大半が不要な言葉で、全然頭に入ってこない」

「いる、いるー」。葵は思わず笑ってしまった。

「普通に話すようにプレゼンすればいいんだけど、変にへり下っちゃうんだろうね。緊張もしているんだろうし」


少し間を置いて、片澤が話を続けた。

「それと、一度通して練習してみるといい。やってみると分かるけど、頭で考えているのと、実際に話してみるのとでは大きな差がある」

「そうだね」

「前に、もうプレゼンなんて慣れっこだよと勘違いしていた時期があって、資料を作ってから全く練習せずに本番に挑んだら、自分でもビックリするくらいボロボロだった」

そのときのことを思い出したのか、片澤が「はあ」とため息をつくのがスマホ越しに聞こえた。

「あれはショックだったな。全然スムーズに話せなかった。頭の中ではちゃんと話せていたんだぜ。でも実際にしゃべってみると、全然違うんだよ」

「必ずリハーサルをしろってことね。分かった、やってみる」

「めちゃくちゃ効果あるよ」

「うん。ありがとう」

そんなやり取りをして、二人は電話を切った。葵はかなり気持ちが軽くなった。同時に、片澤の陰の努力に感動していた。

プレゼンのリハーサル

(リハーサルか。どうせやるなら、お父さんを相手に練習してみようかな。アドバイスがもらえるかもしれないし)。軽い気持ちで、父をつかまえる。

ついでに、片澤から伝授されたべからず7カ条も父に話した。日曜の昼下がり、家の中で仕事の相談をするのは日常的になってきた。

「いよいよ本番か。それにしても、片澤君のべからず7カ条は独自な視点が満載で面白いね」

「そうなのよ。向こうに行って、一層しっかりした気がするかな。で、念のためお父さんにプレゼンの練習に付き合ってもらおうと思って！」

「なんだ。そのおまけ感…。そうやって娘は離れていくんだな…」

「何言ってるの。いつまでも離れていかなかったら大変じゃない。あなたも早く独立して出ていきなさいよ？」。隣で聞いていた母がツッコミを入れる。

「うっ…。そんなことより、お母さんも私のプレゼン聞いてみて」

こうして鈴川家では、葵のリハーサルが始まった。まだ仮作成の資料ではあるが、それをベースに二人の前でしゃべってみる。

「次にサービスの中身ですが――」

片澤が言った通り、うまくしゃべれない部分が結構ある。詰まったところはフィードバックされるまでもなく、自分で分かる。

「――ということです。次は、えーっと…」

（あちゃー、ここもうまく話せないや）

あれだけ丁寧にキーメッセージとシナリオを組み立てたのに、それでも実際に話してみると、気付きがたくさん出てくる。今までどれだけいい加減な状態でプレゼンしていたのか。思い出すのが怖い。

「以上です…」。時間にして、数十分。リハが終わるやいなや、葵は頭を抱えた。「うーん。全然ダメだったね…」

「あら、そう？　私はよく分かったわよ。ねえ、お父さん？」

「そうだな。ストーリーラインは断然良くなっている」

「ホント？」

「うん。全体の流れはこれでいいよ。プレゼンしてみて引っかかったところはきっと、葵自身がまだ何を話すべきか腑に落ちていない部分なんだ」

「うっ…。確かにそうかも。それじゃ、相手に伝わらないよね」

「落ち込むことはない。誰でも最初はそんなもんさ。もう少し伝えたいことをハッキリさせて、再構成してみるといい。とにかく全体の流れはすごくいい」。父が両手で大きく丸を出してくれた。父と片澤が味方になってくれて、本当に勇気づけられる気がした。

「分かった。ありがとう」

「中身にはもう口出ししなくてもよさそうだから、プレゼンのコツだけ簡単に教えておこう。ここいらへんで父の威厳を保っておかないとな」。父がニヤリとした。

「ホント？　ちょっと待って、メモするから」。葵は慌ててノートを取り出すと、「プレゼンのコツ〜お父さん編〜」と書き込んだ。

最初に「聞き手の態勢」を作る

「まずプレゼンを始める前に、今から何の話をするのか、何のために話すのか、その結果、聞き手にどうなってほしいのかを念入りに伝えるといい」

「始める前に？」

「そうだ。プレゼンは最初がとても大事なんだ。相手の聞く態勢が整っていないと、何を話しても伝わらない。**父さんは相手の聞く態勢ができたと確認できるまでは、プレゼンを始めないことにしている**」

父の話を受けて、母も乗ってくる。「確かにそうね。私もさっき、葵が今から何の話をするのか分からないまま、聞いていたわ。最後まで聞いたから分かったけど」

（なるほど…。迷わせていたんだ…。ん？　そうか！）。葵の脳でスパークが起こった。

「それって、矢口さんが言っていたコミュニケーションのお作法と同じじゃない？　発言に見出しをつけるってやつ」

「素晴らしい、その通りだ」

「やっぱり！　発言に見出しをつけるのも、相手の聞く態勢を作るためだったもんね。**プレゼンにも見出しをつけるってことね**」

葵は感慨深げに腕を組んだ。「伝えるための原理・原則は一緒なんだ。全部つながっている」

父がうれしそうにしている。「そういうこと。**発言の前に見出しをつける、プレゼンの前にも見出しをつける。そして新しいスライドを話し始める前にも、口頭で見出しをつけるといいぞ**」

スライドの始まりに伝えたいことを一言で語る

「あ！　そこも一緒か」

「うん。スライドごとに『ここでは××を伝えたいです』と一言言ってから説明に入ると、より伝わりやすくなる」

葵だけでなく、母も「そうねえ」と感心する。

「やりすぎるとクドくなるから、毎回する必要はないが、原理・原則では言えばそうなる。**父さんは、情報量が多いスライドを説明するときには、先に一言挟んでいるよ**」

質疑応答でもコミュニケーションのお作法を守る

「もう一つ」。父が人差し指を立てる。「プレゼンが終わったら、質疑応答になるだろ？　そこで気を付けることは何か分かるか？」

「そうか！　ここでもコミュニケーションのお作法ね」。葵が自信ありげに答える。

「勘がいいじゃないか。質問は語尾までハッキリと聞き切ってから答える。そして質問にはストレートに答える。これだけで随分違うぞ」

「ホントに何でも同じね。ありがとう、意識してやってみる」。葵はメモを終えると、ノートを閉じた。

「良かったわね。お父さん、頼りになるでしょ？」。母が父を自慢げに触る。

「うん。普段は全然頼りないのに」

「そこがまた、いいところなのよ。これだけいい男はなかなかいないわよ。それであなたは、片澤さんとどうするの？」

「う…。どうするって言われても…」

「片澤さんみたいな素敵な男性はそういないわよ。つかまえておかなくていいの？」

「うーん」

プレゼンのコツ

お父さん編

①聞き手の態勢をつくる

- 聞いている相手を迷わせないように、プレゼンに見出しをつける
- 相手の聞く態勢が整わないと、何も伝わらない

（今から何の話をするのか
何のために話すのか
その結果、どうなってほしいのか）をハッキリ伝える

②スライドの冒頭で、伝えたいことを一言で言う

- スライドごとに見出しをつける
- 「ここではxxを伝えたいんです」という一言が見出しになる

③質疑はコミュニケーションのお作法を守る

- 特に以下の2つが重要

（最後まで言い切ってもらう／最後まで聞き切る
質問にストレートに答える。Yesか、Noか）

「今は女性からプロポーズしたっていい時代よ。言いたいことはストレートに伝えないと、あとで後悔するわよ。ねえ、お父さん？」。母がおかしそうに父を見る。

「んー？　うん…」。父が妙に曖昧な返事をする。

「ふふふ。私がそうだったからね」

「えー！　お父さんがプロポーズしたんじゃないの？」

――こうして鈴川家の夜は更けていく。

父の日記⑤

やれやれ、とんだ昔話をすることになってしまった。確かに片澤君はいい男だが…。でもまあ、そこは葵が好きなようにすればいい。さて、伝え損ねたことを書き留めておくか。

◆プレゼン番組を見てもうまくならない

よくTED（米国発のプレゼンイベント）を見ろとか言われるが、あれを見てもプレゼンはうまくならない。良いお手本を知る意味で見るのはいいが、プレゼンの名手の動きを研究したって、まねできない。

それにプレゼンイベントは、聴衆を惹きつけて魅了するためのもの。新製品を発表する大企業の社長なら、演出の仕方や間の取り方を勉強するのもいい。だけど普段のビジネスシーンでプレゼンをするのに、TEDの研究をしても意味がない。

◆上っ面に踊らされるな

世にあふれているプレゼンのコツも同じ。ボディーランゲージやアイコンタクト、言葉のヒゲ、服装、姿勢、表情、手の位置、立ち方、ユーモア——。

どれも上っ面の話ばかり。そこが重要ではない。プロの司会者じゃないんだから、普通のビジネスパーソンには二の次の話。プレゼンのコツとして紹介されていることの大半は、伝えたいことが洗練されていて腹落ちしていれば、「自然とそうなる」という類のものばかりだ。

資料作りも同じ。「きれいで見やすい資料を作る」「言葉を短くする」なんて言われるけど、伝えたいことが磨かれた結果として、自然にきれいでまとまった資料になるだけのこと。結果を出している人の表面だけを見て、上っ面で結果を追おうとすると、むしろ状況は悪くなる。

言葉のヒゲが少ない人を見て、「言葉のヒゲには注意しよう」なんて思うと、かえってしゃべりにくくなる。そういうものだ。結果を生み出している原因や、違いを醸し出す源泉を最初につかむ必要がある。今回、一連の流れで葵に伝えてきたことは、違いを生み出す源泉だと思っている。これが物事の本質だ。

さて、葵のプレゼンはうまくいくだろうか。それと…片澤君とは、どうなるんだろうか…。

営業課長向けの新サービス説明会

あれから葵は二回、三回と、プレゼンの練習を重ねてきた。やってみて分かったのは、リハー

サルは話す練習をするというよりは、全体の流れとキーメッセージを自分の腹に落とし込むための作業なんだということ。


「ここまでやったんだから…、大丈夫よね…」

それでも不安は拭えない。会場も前回よりずっと広い。課長たちが少しずつ集まり始めている。

（うっ…。これは、キンチョウする…）。周りの人にも聞こえるんじゃないかと思えるくらい、葵の心臓がバクバクしている。

「大丈夫ですか？」。大路が心配そうに声をかける。それとほぼ同時に、あの三河が部屋に入ってきた。

「よお、今日は期待してるぜ」。三河の威勢のいい声に、葵の顔が引きつる。

「は、はい。頑張ります」

今日、三河が来るとは聞いていなかった。葵の緊張はますます高まっていく。

――会場はすっかり満席になっていた。課長たちが三〇人ほど、加えて営業部長の三河がいる。プロジェクトメンバーはいつも通り、西山と柏、大路、葵の四人だ。

今日つまずくと、プロジェクト全体がコケる可能性がある。葵の緊張が伝播しているのか、大路が震える声で司会を始めた。「プロジェクトチームの、お、大路です。今日は説明会です。あっ、新サービスのです。よ、よろしくお願いします」。もうカチカチだ。

葵は大路を見ないようにして、呪文のように父と片澤に言われたことを反芻《はんすう》していた。

・まずは聞き手の態勢を整える
・相手の反応を見ながら、平易な言葉で話す
・スライドごとに、伝えたいことを最初に一言で言う
・ハッキリと大きな声で話す

大路が葵に目線を向ける。「ここから先は、鈴川さんに説明してもらいます」。いよいよだ。心臓の鼓動がものすごい音量で聞こえてくる。葵はゆっくりと立ち上がり、プロジェクターの前に出た。足が震えている。立っているのがやっとだ。

（ああ…。もう逃げられない…。やるしかない…）。葵は顔を上げて、前を向いた。

「鈴川です、よろしくお願いします。最初に――」。そう言って、スライドを一枚送る。

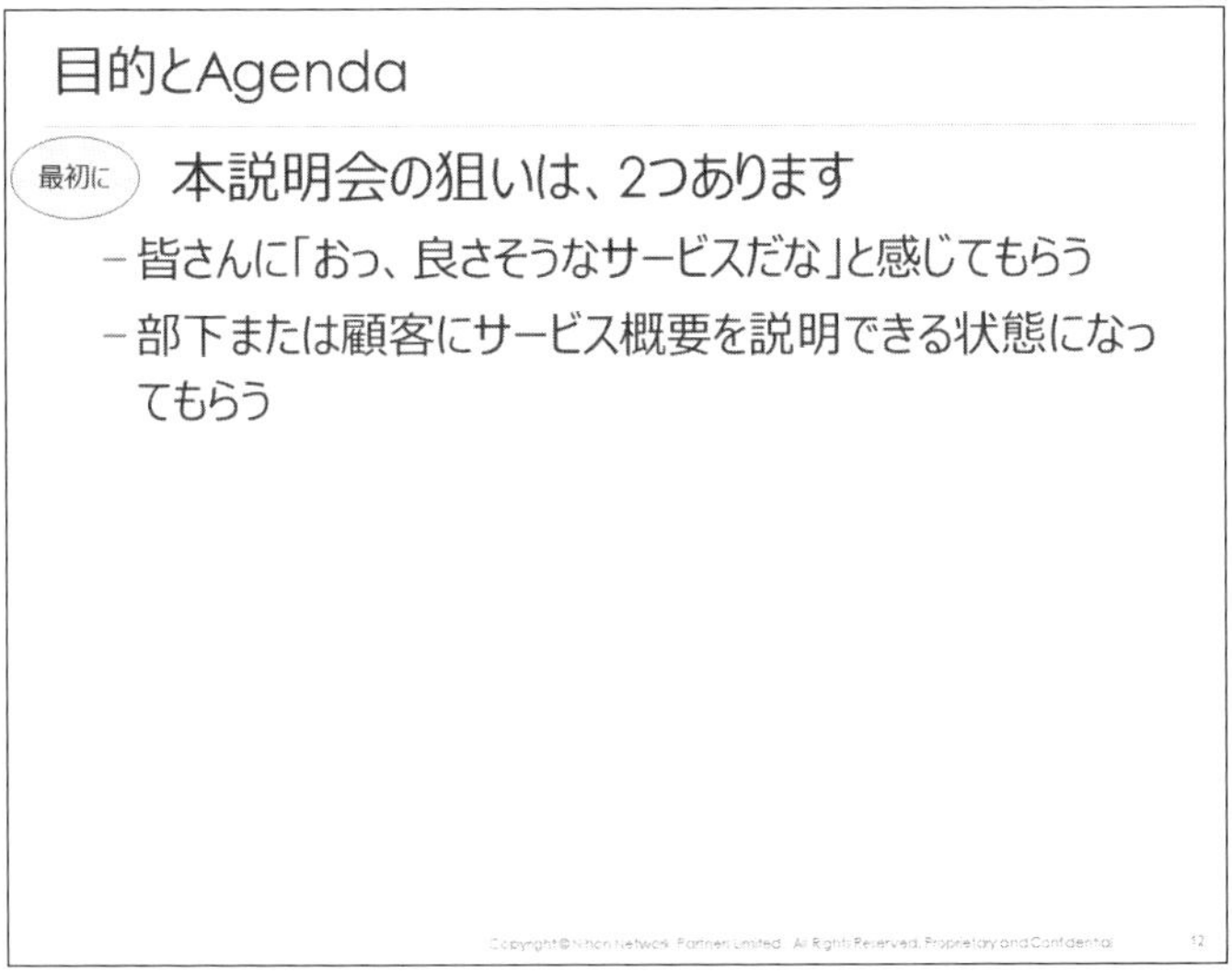

「今日は新サービス説明会ですが、具体的には二つの狙いがあります。一時間の説明会が終わった後に、みなさんには『良さそうなサービスじゃないか』と感じていただきたいということ。もう一つは『部下またはお客様に、新サービスの概要を説明できる状態になってもらいたい』ということです」

一瞬の間を置いて、会場を見渡す。心臓が大暴れしていて、うまく呼吸ができない。(ふー)。大きく深呼吸してから、「よろしいですか?」と課長たちの態勢を確認する。もはや、自分に問いかけているのか、課長たちに問いかけているのか分からない。問いかけに応じて、課長たちがパラパラとうなずくのが見えた。

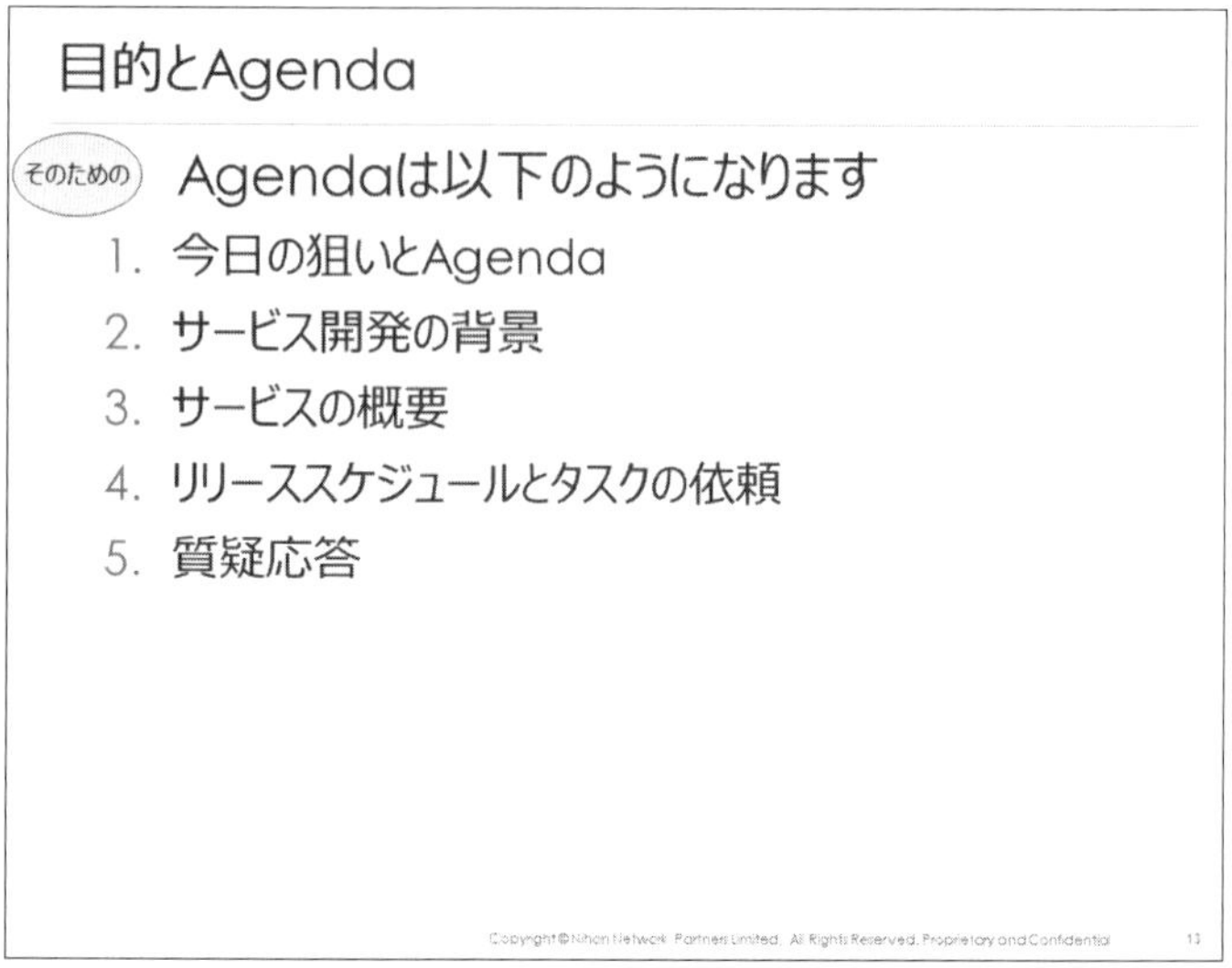

「そのためのＡｇｅｎｄａはこうなります。最後に質疑応答の時間を取りますね」

（ああ…。手が震える。次のスライドにいかなきゃ…）。葵はもう一度、息を大きく吐き出す。（ふー）

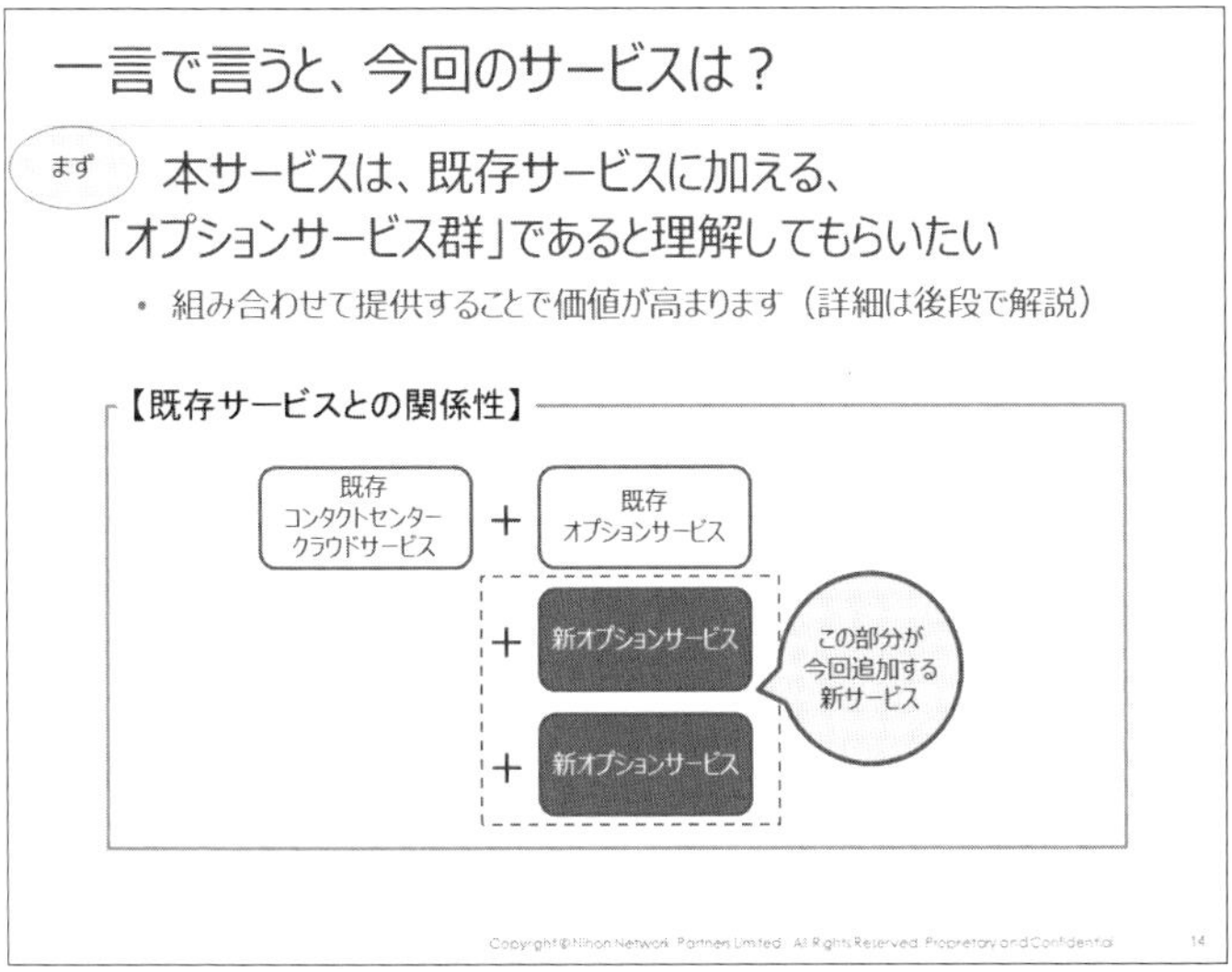
一言で言うと、今回のサービスは？
まず
本サービスは、既存サービスに加える、
「オプションサービス群」であると理解してもらいたい
・組み合わせて提供することで価値が高まります（詳細は後段で解説）
【既存サービスとの関係性】
既存
コンタクトセンター
クラウドサービス
＋
既存
オプションサービス
＋
新オプションサービス
＋
新オプションサービス
この部分が
今回追加する
新サービス
Copyright©Nihon Network Partners Limited All Rights Reserved Proprietary and Confidential
14

「まず今回のサービスはメインではなく、既存のサービスに加えるオプション群だと捉えていただきたいです。メインサービスと組み合わせることで、より高い付加価値をお客様に提供できます」

葵の発言を受けて、課長たちがざわつき出した。柏が言っていた通りの展開だ。

「ほお」「ここに来て、オプション？」「メインサービスじゃないのか」

（予想通りだ。柏さん、さすが！）。葵は営業課長の反応を随時確認しながら説明を続けた。

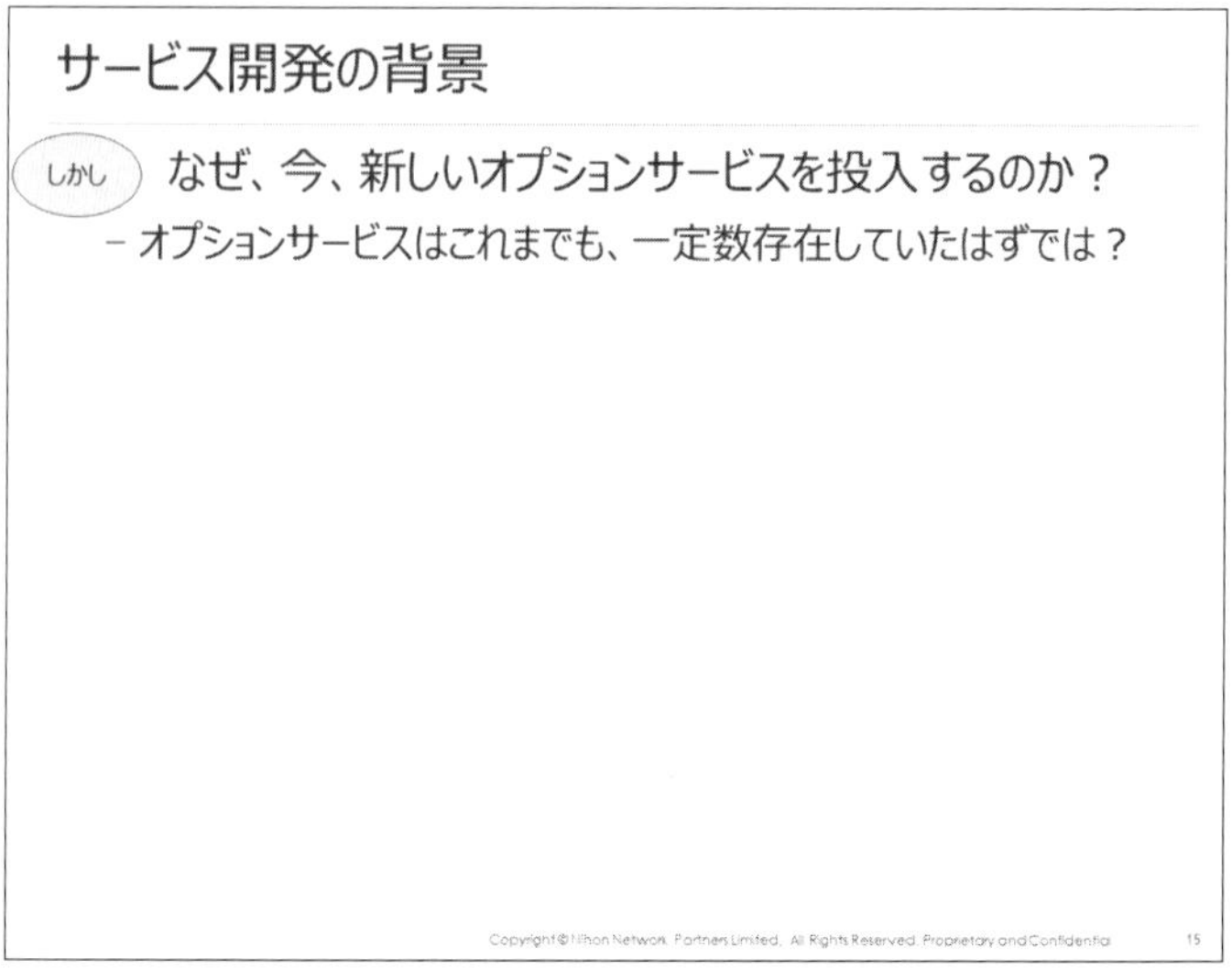

「しかしなぜメインサービスではなく、オプションを投入するのか。みなさんの反応からも、ここが気になるところだと思います」。葵はスライドを進める。

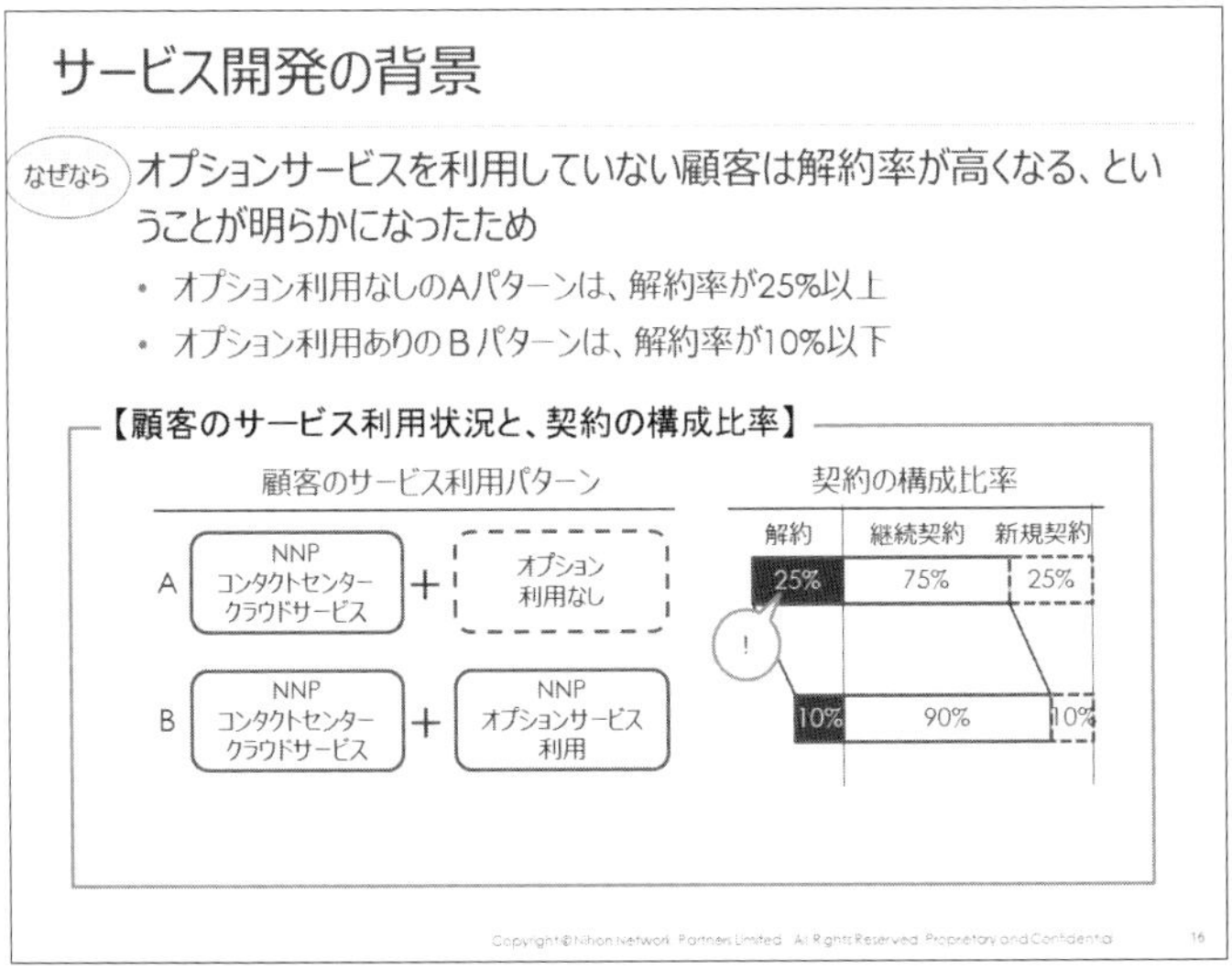
サービス開発の背景
なぜなら
オプションサービスを利用していない顧客は解約率が高くなる、ということが明らかになったため
・オプション利用なしのAパターンは、解約率が25%以上
・オプション利用ありのＢパターンは、解約率が10%以下
【顧客のサービス利用状況と、契約の構成比率】
顧客のサービス利用パターン
契約の構成比率
A
NNP コンタクトセンター クラウドサービス
＋
オプション 利用なし
解約
継続契約
新規契約
25%
75%
25%
!
B
NNP コンタクトセンター クラウドサービス
＋
NNP オプションサービス 利用
10%
90%
10%
16

「なぜなら調査の結果、オプションサービスを利用していないお客様は、解約率が高くなることが分かったからです。オプション利用なしのパターンだと、解約率は二十五パーセント。一方、オプションを利用してくれている方は解約率が一〇パーセントまで下がります。これはすごく大きな差だと思うんです！」。葵は何とか声を振り絞って、語尾に力を込めた。

「へえ」「確かにそうかも」。何人かの課長が反応しているのが分かる。（いい反応！　でもまだあるの。こっちもすごいデータだから見て！）。緊張のあまり逃げ出したいと思っている自分と、貴重な情報を伝えたいと思う自分が共存している。

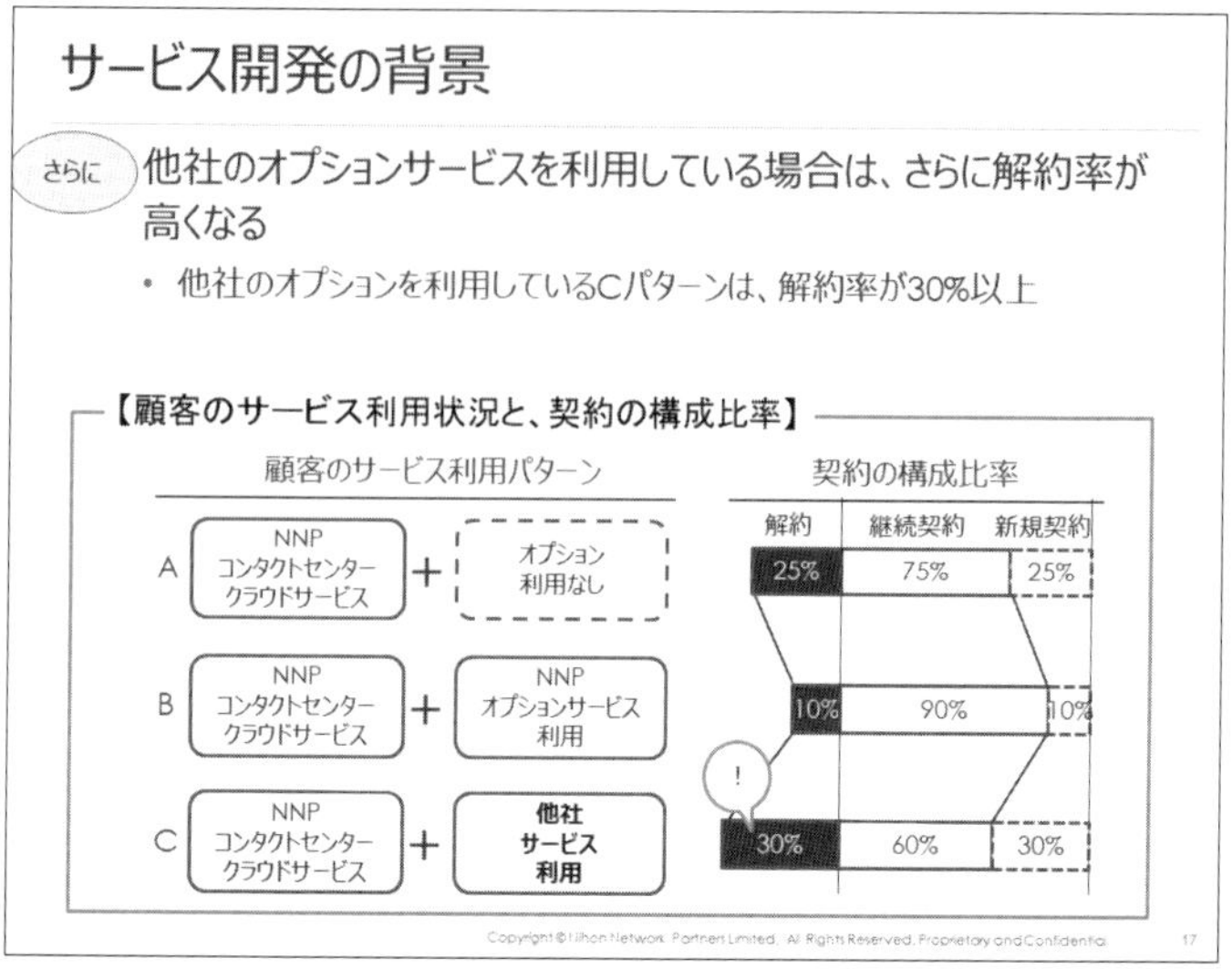

「さらに、他社のオプションサービスを利用している場合は、解約率がもっと高くなるんです。何と三十パーセント」

「ああー」「うーん、そうかあ」。課長たちのざわめきが大きくなる。みんな何となく感じていたことなのだろう。葵は続けた。

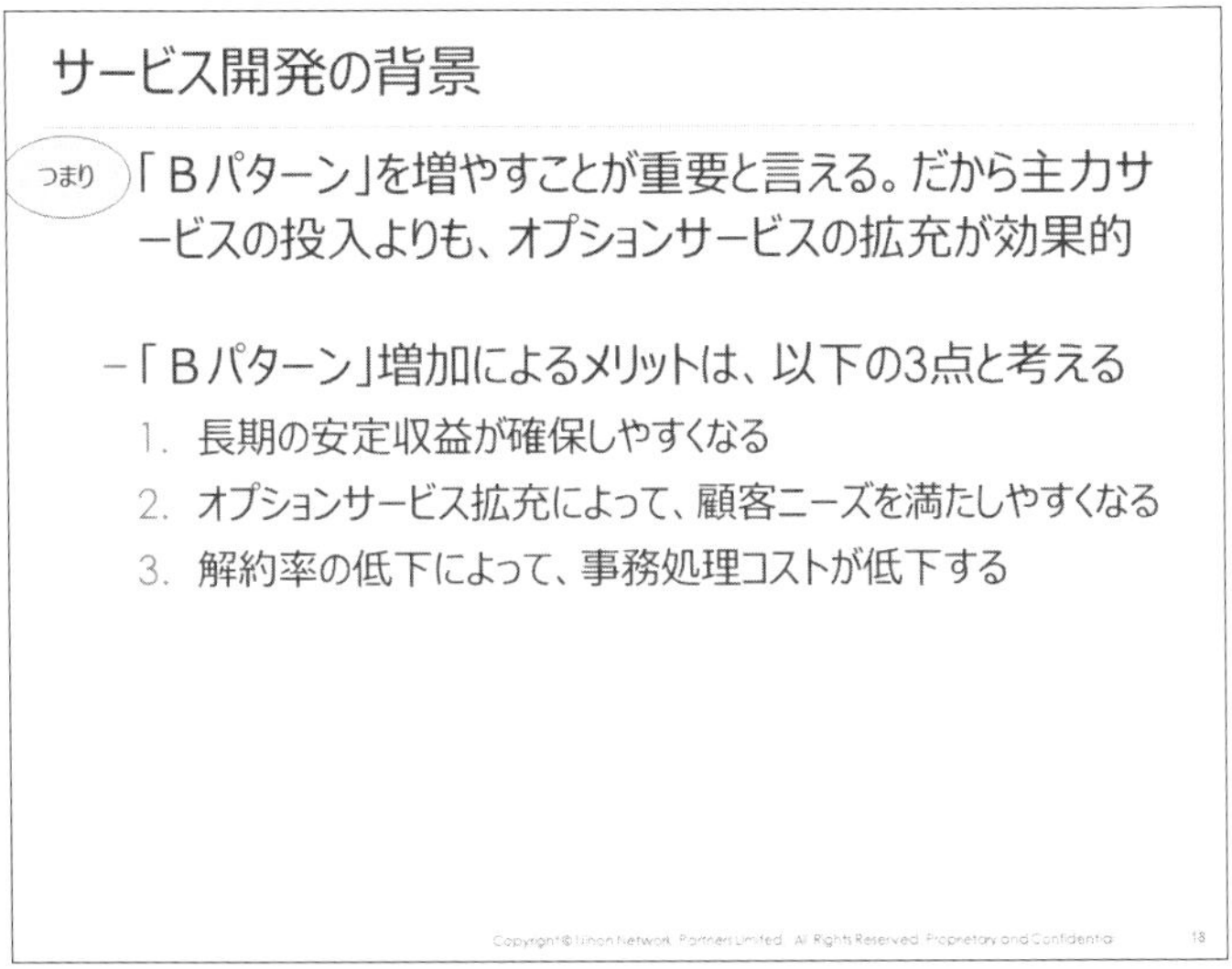
サービス開発の背景
つまり
「Ｂパターン」を増やすことが重要と言える。だから主力サービスの投入よりも、オプションサービスの拡充が効果的
－「Ｂパターン」増加によるメリットは、以下の3点と考える
1. 長期の安定収益が確保しやすくなる
2. オプションサービス拡充によって、顧客ニーズを満たしやすくなる
3. 解約率の低下によって、事務処理コストが低下する
18

「つまり、弱点になっているオプションサービスを拡充し、お客様にセットでサービスを使ってもらうことが重要だと考えました。メリットは三つあります」

「まず解約率が下がるので、営業的に長期の安定収入につながります。二点目はオプションの拡充によって顧客満足度を高められるはずです。三点目に解約率が低下するので、事務コストもかなり下がる見通しです」

　課長たちのざわめきがますます大きくなった。

「解約の事務処理ほど、精神的にも手間のうえでも嫌なものはないですよね。払い戻しの処理は大変ですし」。課長たちが一斉にうなずく。

サービス開発の背景

具体的には　他社比較の結果、「SNS・チャット対応」「AI対応」「解析系」が弱いと判明したため、ここを強化する

【オプションサービスの他社比較】

オプションサービス		NNP	A社	B社
システム系サービス	CRMシステム	○	○	○
	IVRサービス	○	○	○
	CTIサービス	○	△	○
	SNS・チャットオペレーティングシステム	×	○	○
	AI応答システム	×	○	△
BPO系サービス	切り分け対応（コール）	○	○	○
	切り分け対応（ノンボイス）	×	○	○
	技術要素対応	○	△	○
	マニュアル・FAQ作成	○	△	○
	アウトバウンドコール	○	△	○
解析系サービス	データ解析・最適化提案	△	○	○
	対応品質診断	△	○	○

【凡例】
○：該当サービスあり
×：該当サービスなし
△：あるが弱い
■：強化ポイント

9

（伝わってる！　共感してくれている！）

葵が部長たちに前回プレゼンをしたときは、自分だけがポツンと孤立している感じだった。一方的に話をしているだけ。でも今は課長たちとコミュニケーションを取れている気がする。

「具体的には他社のオプションサービスと比較した結果、当社はSNSなどが弱いと判明しました。今回のサービスでは、この部分の強化をターゲットにしています」。プロジェクターのスライドを指さしながら、葵が説明する。

「よろしいですか？」。課長たちの理解の確認も忘れずに挟む。

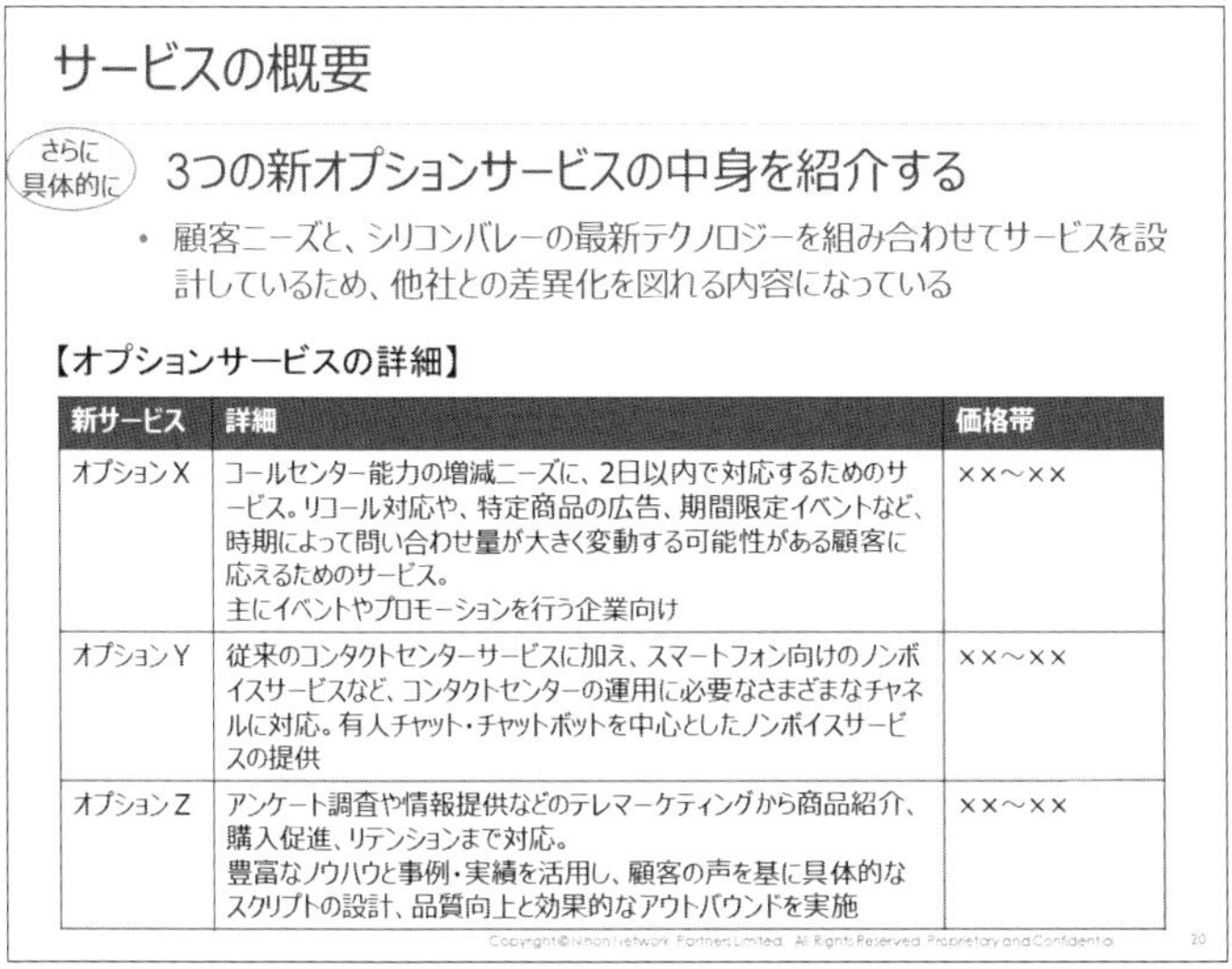

サービスの概要

さらに具体的に　3つの新オプションサービスの中身を紹介する

- 顧客ニーズと、シリコンバレーの最新テクノロジーを組み合わせてサービスを設計しているため、他社との差異化を図れる内容になっている

【オプションサービスの詳細】

新サービス	詳細	価格帯
オプションX	コールセンター能力の増減ニーズに、2日以内で対応するためのサービス。リコール対応や、特定商品の広告、期間限定イベントなど、時期によって問い合わせ量が大きく変動する可能性がある顧客に応えるためのサービス。 主にイベントやプロモーションを行う企業向け	××～××
オプションY	従来のコンタクトセンターサービスに加え、スマートフォン向けのノンボイスサービスなど、コンタクトセンターの運用に必要なさまざまなチャネルに対応。有人チャット・チャットボットを中心としたノンボイスサービスの提供	××～××
オプションZ	アンケート調査や情報提供などのテレマーケティングから商品紹介、購入促進、リテンションまで対応。 豊富なノウハウと事例・実績を活用し、顧客の声を基に具体的なスクリプトの設計、品質向上と効果的なアウトバウンドを実施	××～××

Copyright© Nihon Network Partners Limited. All Rights Reserved. Proprietary and Confidential　20

「それでは具体的に、新サービスの中身を紹介します」

　気が付けば、葵の緊張はかなりほぐれていた。伝えたいという気持ちが緊張を上回っている。課長たちも話が具体的になるにつれて、身を乗り出し始めている。

「――という三つのサービスになります。オプションだけで利益を確保しなくてもいい設計になっていますので、競争力がある料金設定ができる見込みです」

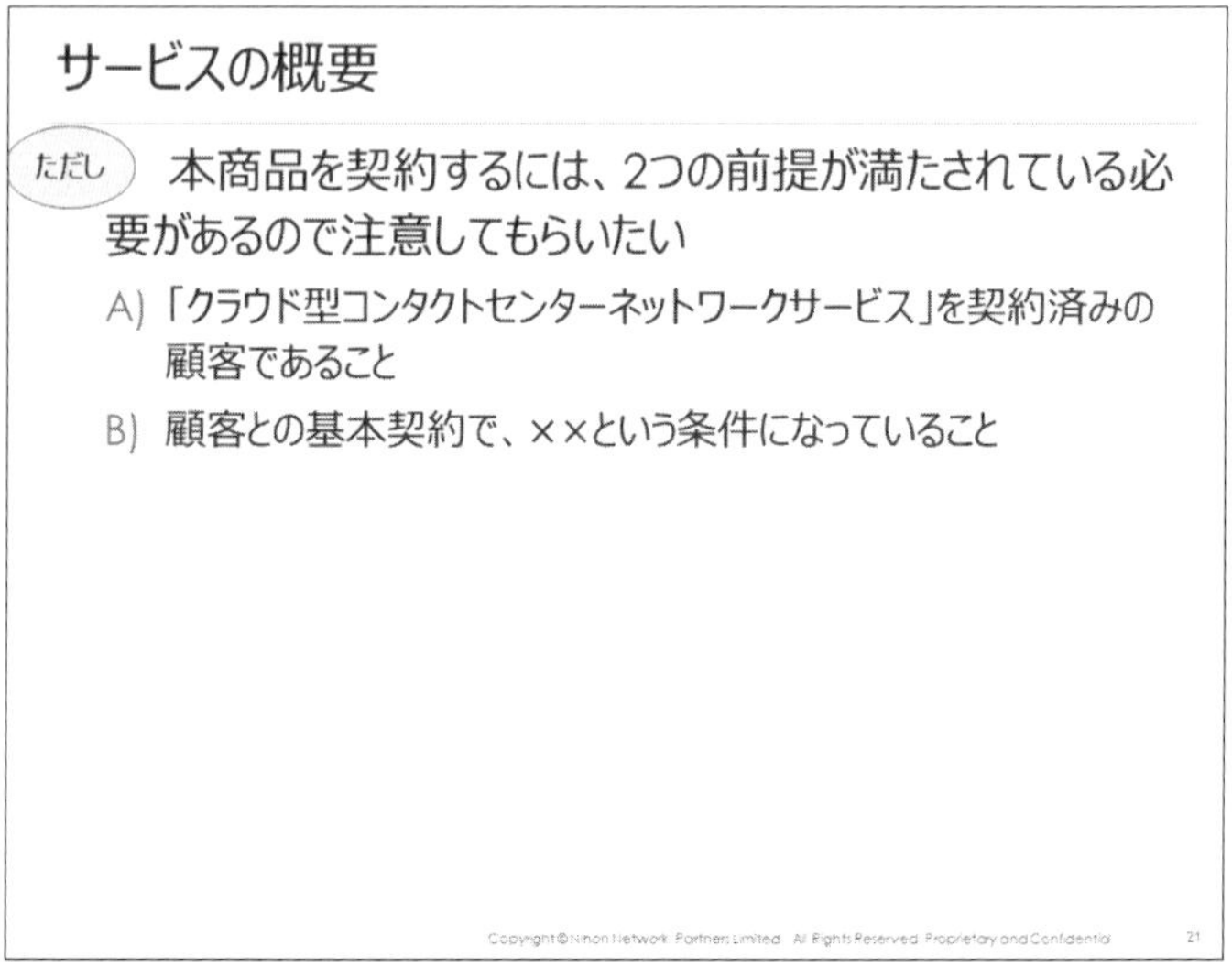
サービスの概要
ただし
本商品を契約するには、2つの前提が満たされている必要があるので注意してもらいたい
A)「クラウド型コンタクトセンターネットワークサービス」を契約済みの顧客であること
B) 顧客との基本契約で、××という条件になっていること
Copyright© Nihon Network Partners Limited All Rights Reserved Proprietary and Confidential
21

「ただし、制約もあります。契約に向けて、二つの条件を満たす必要があるという話をします。具体的には――」。葵は見出しをつけながら、次のスライドを映す。課長たちはしっかり画面を見てくれている。

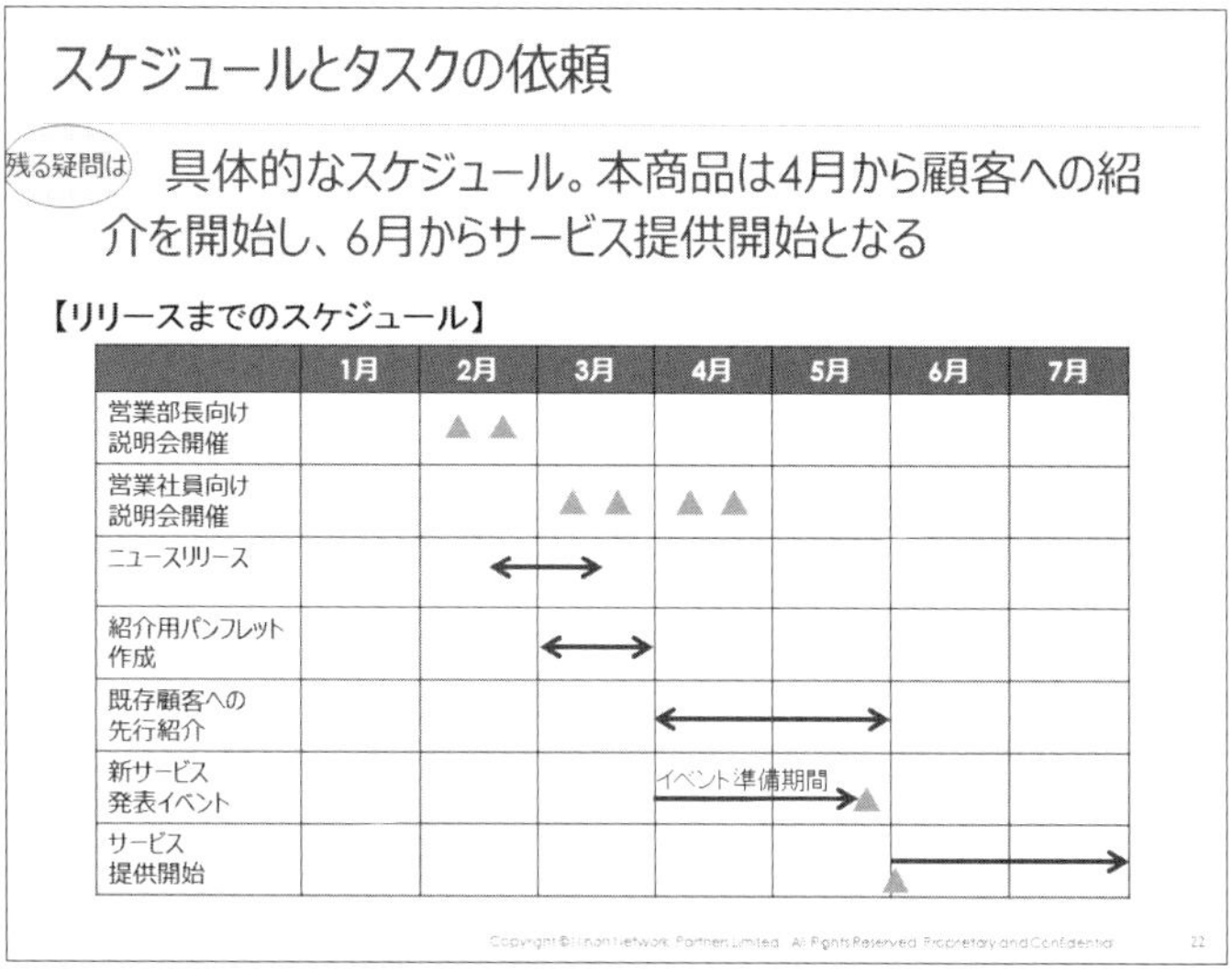

「残るポイントは、具体的なスケジュールです。ここでは少し細かく、主要なマイルストーンを共有させてください」。スライドの説明に入る前に、ここでも口頭で見出しをつける。これだけで葵自身の頭の中も整理されるのを改めて感じた。

「最終的には、六月からサービスを提供できます。このタイミングですね。六月に向けては――」。課長のうち何人かはメモを取っている。熱心に聞いてくれている証拠だ。前回よりずっと手応えがある。

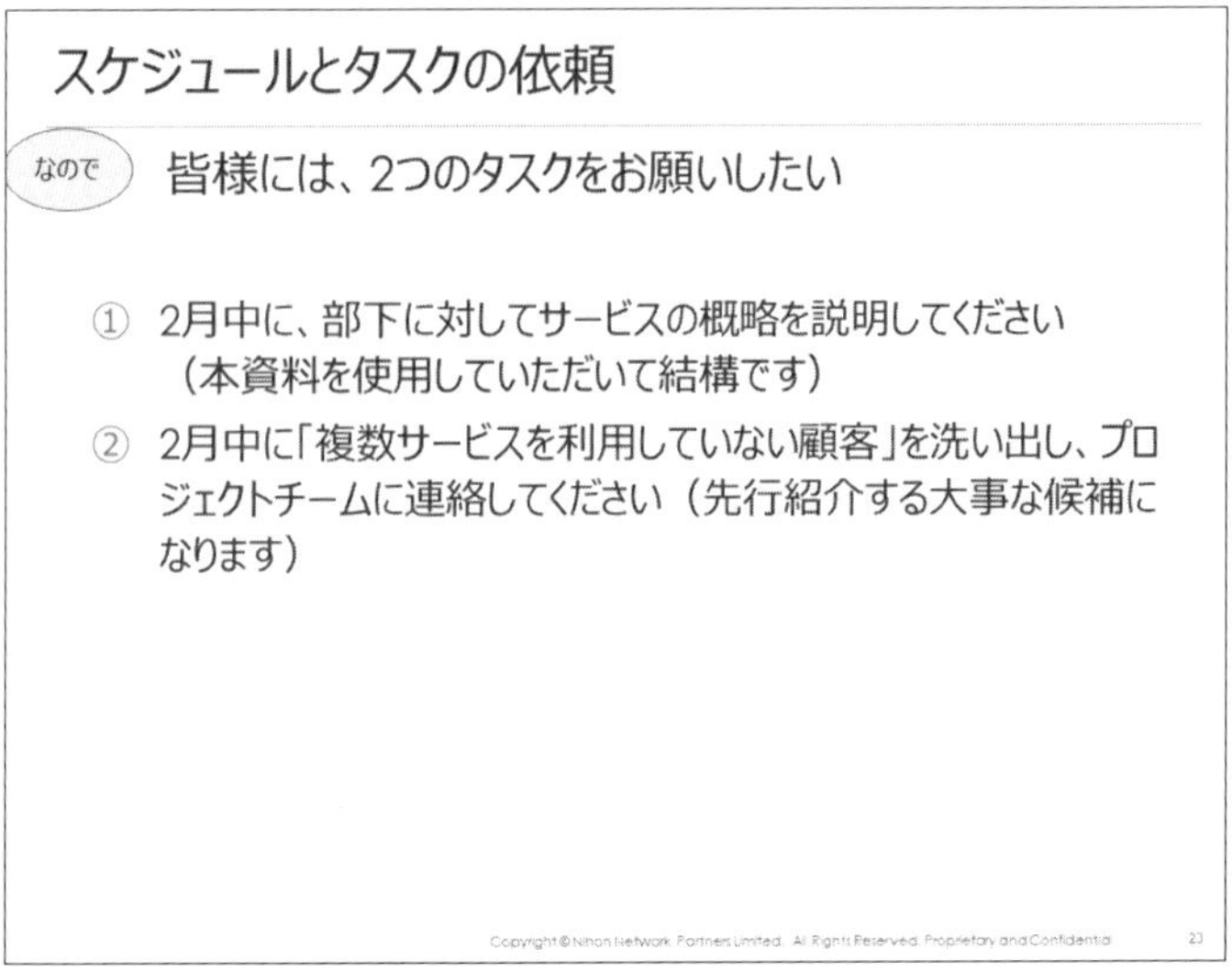
スケジュールとタスクの依頼
なので
皆様には、2つのタスクをお願いしたい
① 2月中に、部下に対してサービスの概略を説明してください
（本資料を使用していただいて結構です）
② 2月中に「複数サービスを利用していない顧客」を洗い出し、プロジェクトチームに連絡してください（先行紹介する大事な候補になります）
Copyright © Nihon Network Partners Limited. All Rights Reserved. Proprietary and Confidential
23

（三河さんは？）。葵は見ないようにしていた三河に、チラッと視線を向けた。三河は微動だにせず、椅子に体を預けて腕を組んでいる。ミケンのシワは相変わらず深い。

葵は現実に引き戻された。

（またダメなのかも。怖すぎるよ…）

　でも残るスライドは二枚だけだ。このまま最後まで行くしかない。

「スケジュールは以上です。リリースに向けて、みなさんに二つのお願いがあります。一つは――」

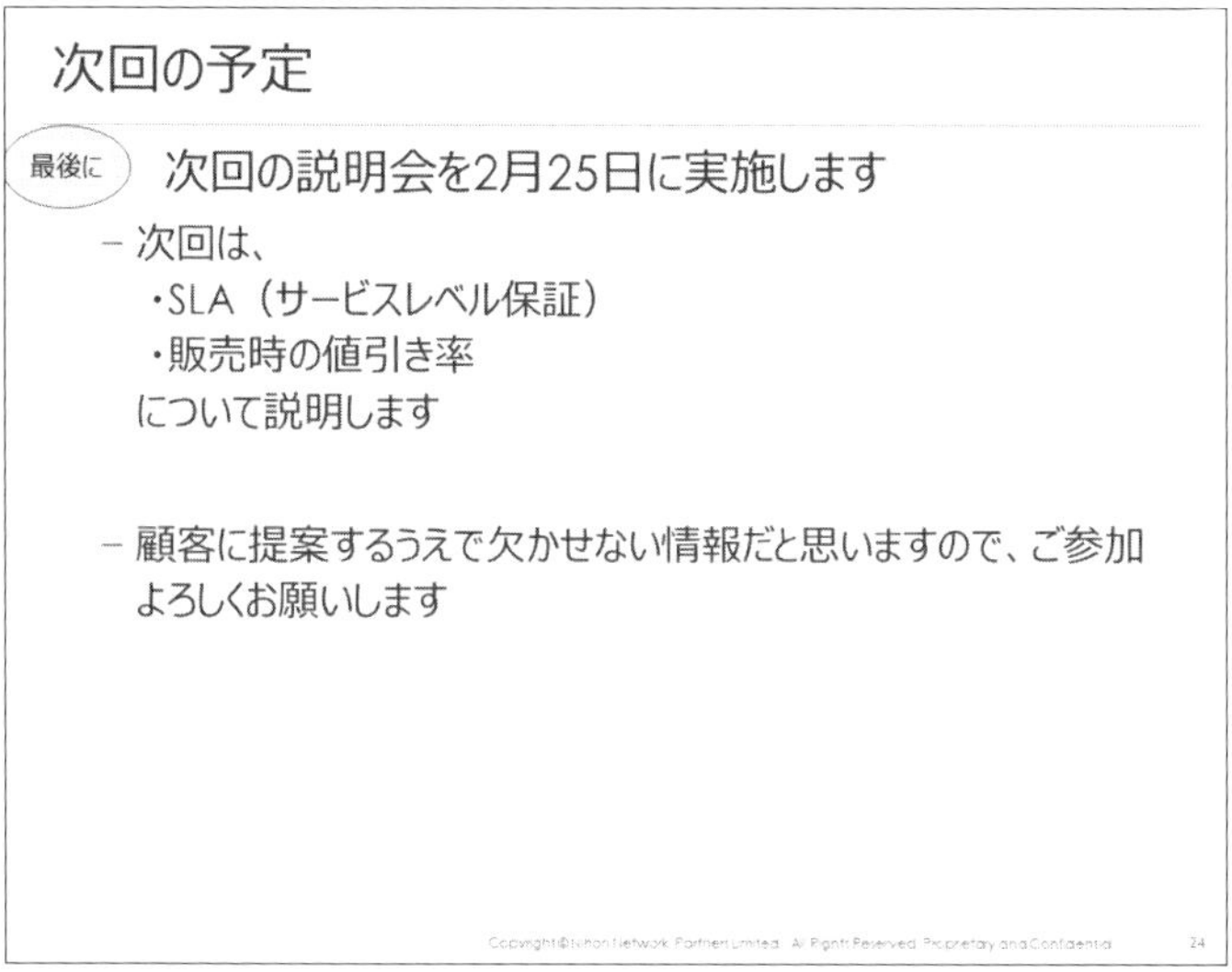
次回の予定
最後に
次回の説明会を2月25日に実施します
－ 次回は、
・SLA（サービスレベル保証）
・販売時の値引き率
について説明します
－ 顧客に提案するうえで欠かせない情報だと思いますので、ご参加よろしくお願いします
Copyright© Nihon Network Partners Limited. All Rights Reserved. Proprietary and Confidential
24

いよいよ最後のスライドだ。「最後に、次の説明会の予定をお伝えします。次回は二月二十五日。内容は――」

（ふー）。今度は心の中で深呼吸をする。そしてもう一度、会場を見渡す。三河の様子は変わっていない。でも、やるべきことはやった。

「私からの説明は以上です。ありがとうございました」

頭を下げる葵。落ち着く間もなく、課長の一人がすぐに手を挙げた。

（来た！）。説明会はまだ終わっていない。質疑応答がもう一つの勝負どころだ。

「サービスレベルや値引率の話は次回だって話でしたけど、そこが重要だと思います。これらの検討に営業の意見は取り入れられるんですよね？」

（質問にはストレートに答えなきゃ）。葵は矢口の言葉を頭の中で復唱してから応じた。

「はい、取り入れます。一部の方には既にヒアリングをしていますし、検討メンバーには――」

「僕が入っていますから」。柏が立ち上がって、話を引き取ってくれた。「でもどう設定しても、みんな文句を言うでしょ？」。柏がジョークを飛ばす。会場に笑いが起こる。

「営業はそういうもんなんだよ、分かるだろ」。質問した課長が笑って答える。

「まあ、営業が検討に参加しているなら良しとするか」

「ありがとうございます。他に質問はありますか？」

別の課長が声を上げた。「説明ありがとうございます。だいたい分かったのですが、我々がお客様に説明するとき、大抵の場合は自己流でして。毎回、自分たちで資料を作ったりして説明しているんです。今回もそういう感じかなと思っていて…」

質問に対して「それはですね」と言いかけて、葵はハッとした。

（危ない、語尾！　最後まで言い切ってもらわなきゃ）

「えっと、『そういう感じかなと思っていて…』、それで続きは何ですか？」

「ああ、顧客説明用のリーフレットはそちらで用意してくれるのかを確認したくて」

「はい、私たちが用意します」

ここで今度は西山が補足してくれた。「おっしゃる通り、これまでは新サービスを開発しても、お客様への説明の仕方は営業任せでした。ですが今回は、そこまで我々プロジェクトチームが踏み込もうと考えています。リーフレットが使いづらかったらフィードバックをもらいたい。営業のみなさんと一緒になって、新サービスを作っていきたいんですよ」

課長たちは「もちろんだ」と言わんばかりに、みんなが前のめりになっている。これで質問は出切ったかと思われたそのとき、三河が静かに手を挙げた。

「一つ、確認させてもらっていいかなあ？」。低く、重い声が会場に響く。この重み、尋常ではない。

「は、はい」。プロジェクトメンバーに緊張が走る。

「説明会の冒頭でよ、俺たち営業が『このサービスはいいじゃねえか、売ってやろうぜ』って状態になるのが今日の狙いだって話があったよな？」。葵は息を飲む。平常運転に戻っていた心臓が、またドンドンと胸を打ち始めた。（はい、言いましたぁ…）

「…プロジェクトチームはよぉ。これだけ必死になって、新サービスを考えてくれているんだ。この熱意、伝わったよな？」

（！）

「売ろうって気にはなれたのか？　このサービスの良さを理解できたのか？」。三河の質問は、営業課長たちに向けられたものだった。（そっち？）。葵は目の前で起こっていることを処理しきれないでいる。困惑するプロジェクトメンバーをよそに、先ほど質問をした課長が三河の問いかけに答える。

「狙いはよく分かりました。私たち営業が今まで薄々感じていた不安に、ズバリ解決策を出してくれています。これで売ろうって気にならなきゃおかしいでしょ」

（きたーーーー！）。葵は思わず、心の中でガッツポーズをした。

（やったあ！　うれしい）。いろいろな感情が一気に渦巻いてくる。

「おう。それが聞きたかったんだよ」。三河はぐるっと会場を見渡して「そういうことだ。これから忙しくなるぞ。みんな、営業のチカラを見せてくれよ！」と言って、課長たちに喝を入れた。

三河が言い終えたのを聞いた大路が、慌てて前に出る。

「以上で説明会を終了します。ありがとうございました！」

課長たちが一斉に立ち上がり、会場を出ていった。

課長の流れに逆らって、三河がゆっくりとプロジェクトメンバーの方に近づいてくる。

「おい！」。三河が葵の肩を突ついた。「めちゃくちゃ分かりやすかったじゃねえか。やっぱり、説明会はこうじゃなきゃな！」。三河のミケンのシワはすっかり伸びて、優しい顔つきになっていた。

「課長たちの目の色が変わったのを見たか？　こりゃあ、面白くなってきたぞ」。その言葉を聞いて、葵の目から涙が一気にあふれてきた。

「よかったですー……ほんとに……ほんとに……ひーん……」

「大変でしたもんね」。大路も半べそだ。

「おいおい。よく分かんねえけど、こっちまで感動しちまうじゃねーか」。三河までもらい泣きをしそうになっている。

「三河さん、ずっと文句しか言ってこなかったのに」。柏が言うと、みんながつられて笑った。

——会社が一つになっていく気がした。

エピローグ

あれから数回の説明会を乗り越え、新サービスを無事にリリースできた。気になるのは売れ行きだが、三河がすごい力を入れて売ってくれているらしい。敵になると恐ろしいが、味方になるとこれほど頼りになる人はいない。

三河の貢献もあって、売れ行きは上々。大きな問題もなく、新サービスは順調にスタートを切った。プロジェクトメンバーも、ほっと胸をなでおろす。

——そんな平穏な雰囲気の六月、日曜日の夕方。

葵はキッチンに立つ父と母にプロジェクトの報告をした。

「——というわけで、何とか無事にリリースできました！　お父さん、本当に助かったわ。ありがとう」

父は包丁を動かしながら、「それは良かった。トレーニングが効いたみたいだな」と言って、笑顔を見せた。

週末はよく、夫婦でキッチンに立って料理をしている。

「ウチの私設コンサルタントの腕前はすごかったでしょ？」。母がフライパンをひっくり返しながら、うれしそうに言う。

「悔しいけど、確かにすごかったな。ほんとに助かった」。それを聞いて、父は満足そうだ。

「ビール飲む？」。父が母の視線の動きを見て、声をかける。

「ちょうど、冷たいビールが欲しいなあって思ってたところなの。さすが、お父さん」

二人の何気ないやり取りを見て、葵が目を丸くする。「すごーい。コミュニケーションのお作法なんて関係ないじゃない。もはや以心伝心だ。いいなあ」

母のためにビールを取り出しながら、父がニヤっとする。「仲いいだろ？」

グラスにゆっくりとビールを注ぐ。

「でもな、昔はお互いに何を考えているのかよく分からなくて、苦労した時期もあったんだよ」

「ほんとに？」

意外だった。はじめから仲が良くて、相性バッチリの二人だとばかり思っていた。

「全然うまくいかないから、お作法を意識してストレートに話し合った時期があってね」

「そうそう。最初はあまりにもストレートに話すもんだから、この人なんなの？ もう別れる、なんて思っていたんだけど」

父が「そうだったの?」と、少しのけぞってみせる。葵はそんな父を見て笑った。「何か意外。そんなことがあったんだ。でも今はコミュニケーションのお作法に従っている気はしないけど」

「それはきっと、目的と背景をちゃんと伝えたり、ストレートに言いたいことを伝え合っているうちに、少しずつお互いの価値観や思考のクセを共有できるようになったんだろうな。その土台があるから、今みたいに以心伝心ができるんだ」

母が「そうね」と同意する。

「日曜の夕方に料理をしながらお酒を飲むような、ゆるりとした時間が幸せだという価値観を共有できているんだよ。だからこの時間を大事にして楽しみたいと、お互いに思っているわけ」

二人は楽しそうだ。

「なるほどね」

(最初から以心伝心ができるようになろうなんて、都合が良すぎるか…。基本が大事ってことね)

これまで二人は、自分たちが考えていることや価値観を口に出して伝え合ってきた。だから今、暗黙のやり取りができる。価値観がズレてきたなと思ったら、また口に出して伝える。そして、そろえる。葵の目から見ても、両親が素敵な夫婦であるのは間違いないが、土台にコミュニケーションの原則が隠れていたとは驚きだ。

これまで学んできたコミュニケーションのお作法は仕事だけじゃなく、人生においても有効なのかもしれない。

父の包丁が刻むリズムのいい音を聞きながら、葵は片澤とのことを考えていた。

(もう少し、しっかりコミュニケーションを取って、いつかこんな夫婦になれたらいいいな)

二人の姿を見て、自然にそう思えた。

――その日の夜。

葵は片澤に電話をかけた。いつもの電話だ。でもこれまでと違うのは、父と母の言葉を思い出しながら、電話をかけていること。

「おう、どうした？　こっちは朝だよ」。片澤の明るい声が聞こえてくる。

「こっちは夜よ。晩ご飯が終わったところ。どう、元気？」

何気ない、いつも通りの会話が続く。以前よりは明らかにいい関係が作れてきている。でも父と母のようになるには、まだまだコミュニケーションが足りないのだろう。そう考えると、東京とサンノゼの八千キロの距離はつらい。

(片澤さんはこの距離をどう思っているんだろう？　このまま何年も遠距離恋愛でやっていけ

るのかな)。葵は不安が募った。(こういうときは素直に伝えないとダメよね)

「最近少し、遠距離がしんどい気がするの。別に帰ってきてとか、もう嫌だって話じゃないんだけど。感じたことは素直に伝えてみようかと思って…」

「うん、そうだね…」

片澤はそう言って、少し沈黙する。

(あれ？ ストレートに言いすぎたかな?)。葵が不安になったとき、片澤が思いもしなかった一言を言った。

「実はサンノゼから戻ることが決まったんだよ。三カ月後かな」

「ええ、ほんと?」。(戻ってくるんだ!)。素直にうれしい。葵は自分の心が軽くなるのを感じた。

(やっぱり私、片澤さんと一緒にいたいんだな)

「前から異動希望を出していたんだよ。日本に戻りたいって」

「そうだったのね。二年間、お疲れ様」。葵はストレートに今の気持ちを伝える。

「私、今すごく気持ちが軽くなった気がしたよ。やっぱり近くにいてほしいのかも」

戻ってくるのはうれしいが、同時にこの先のことが頭をよぎる。

(距離の壁がなくなるんだ。それはすごくうれしいけど、この先、私はどうしたいんだろう…。

たぶん、もっといい関係を作りたい…）

素直に気持ちを伝えなければ。葵がそう思った瞬間。ふいに片澤が言った。

「東京に戻ったら、結婚しないか？」

「え？」。状況がうまく飲み込めない。

「え!?」。ものすごい勢いで、頭の中が動いたような気がする。

「えー!!」。いろいろな感情が一気に噴き出してくる。片澤が電話の向こうで笑っている。

二人の間の八千キロの距離が今、静かに溶けていく——

あとがき

本書はタイトルで本当に悩んだ。内容からすると「コミュニケーションの教科書」や「伝え方の教科書」が相応しいと思うのだが、内容をイメージしづらいと思えたからだ。また、自覚的にコミュニケーションに悩んでいる人はあまり多くないとも思える。

最終的に「資料作りの教科書」というタイトルに落ち着いたのは、ビジネスパーソンなら誰もが悩む資料作りをきっかけにして、「伝える」ことの本質に切り込んでいくことを狙ったからだ。とはいえ、結果的にタイトルと内容が微妙にずれてしまっていることをお詫びしたい。

その分、私が所属するケンブリッジ・テクノロジー・パートナーズが、コンサルタントの基本動作として教育していることを、そのまま書き起こすことができた。ビジネスの現場で培ってきた、生きたノウハウだ。

私の本業は、経営や業務、ＩＴの変革プロジェクトを支援することである。企業に入り込んで、クライアントと一緒に大きな企業改革を成し遂げていくのがミッションだ。

変革プロジェクトの現場では、膨大な資料を作り、実に多くの人たちとすさまじい量のコミュニケーションを取ることになる。そして資料やコミュニケーションを積み重なることで成果や変化が生まれていく。

だから私たちは積極的に、現場で培ってきた資料作りやコミュニケーションのノウハウを言語化し、公開し、クライアントにも隠すことなく伝えるようにしている。そうすると確実に、プロジェクトの質と速さが上がることを経験上、知っているからだ。全ては質の高い変革のために。

感情が動くと、人は変わる

ところがノウハウをそのまま伝えても、ほとんど身にならない。「いい話を聞けたな」で終わってしまうことが多い。資料作りも、コミュニケーションも、誰もが無意識のうちにしている動作であり、頭と体に深く染み付いているから、ちょっとやそっとのことでは変わらない。

習慣を変えるには、価値観の変化が必要である。そして価値観は、本人の感情が動かないと変わらない。単にノウハウや方法論を聞かされても、そこに感情の変化は生まれないのだ。


「あー、よく分かるなあ」

「そうそう、それだよ」

「確かにこれは必要だよね」

「なるほど！　そう考えればいいのか」

「こんな理想像にたどり着けると、本当に素晴らしいよね」

人が変わるには、こんな感情の揺らぎが必要だ。だから本書は小説仕立てにして、リアルな情景描写を通した感情の移り変わりの記述にこだわった。鈴川葵の体験を通して、いろいろなことを感じてもらいたかった。もし本書を読んで、あなたの感情が少しでも動いたのなら、変化はもう目の前まで来ているかもしれない。そのチャンスを逃さないでほしい。

コミュニケーションが変わると世界が変わる

勘違いしてはいけないのは、資料作りやコミュニケーションを変えることがゴールではないということだ。コミュニケーションを変えることで、その上に載ってくる様々な活動をレベルアップさせていきたい。足腰を鍛えると、いろいろなスポーツが楽しくなってくるように、コミュニケーションを変えれば、その上に載るあらゆる仕事が楽しくなってくる。

習慣を変えるのは本当に大変だが、その先に新しい世界が待っている。変わる努力をする価値は必ずある。変えるには、日々の癖づけが欠かせない。人によっては、コミュニケーションの3つのお作法を机やパソコンに貼っておくのもいいだろう。

本書だけでは足りなければ、私に直接、相談してもらって構わない。宛て先は、henkakuya@ml.ctp.co.jp。

もちろん、本書の感想や質問も大歓迎。「実際にこんな変化があった」という報告もうれしい。漏れなく返信するように努める。

私の思いは全て伝えた。本書の体験をどう生かすかは、あなた次第だ。

二〇十九年十一月　榊巻 亮

榊巻 亮（さかまき・りょう）
ケンブリッジ・テクノロジー・パートナーズ
ディレクター

大学卒業後、大和ハウス工業に入社。住宅の設計業務に従事すると同時に、業務改善活動に携わり、改革をやり遂げる大変さ、現場を巻き込み納得感を引き出すことの大事さを痛感する。ケンブリッジ入社後は「現場を変えられるコンサルタント」を目指し、金融・通信・運送など幅広い業界で業務改革プロジェクトに参画。新サービス立ち上げプロジェクトや、人材育成を重視したプロジェクトなども数多く支援。ファシリテーションを活かした納得感のあるプロジェクト推進を得意としている。一級建築士。主な著書に『世界で一番やさしい会議の教科書』『抵抗勢力との向き合い方』（日経 BP）、『業務改革の教科書』（日本経済新聞出版社）。ビジネス雑誌での連載や寄稿に加え、講演やセミナーなどの活動も行っている。

＊ケンブリッジ・テクノロジー・パートナーズは、企業変革のための新たなビジネスモデルの検討から、業務改革、そしてIT 導入までファシリテートするコンサルティング会社。独自のプロジェクト方法論とカルチャーを競争力の源泉として、花王、住友電装、日野自動車などの優良企業から高く評価されている。

世界で一番やさしい
資料作りの教科書

2019年12月9日　初版第1刷発行
2022年12月7日　初版第5刷発行

著　者　　榊巻 亮
発行者　　戸川 尚樹
発　行　　日経BP
発　売　　日経BPマーケティング
　　　　　〒105-8308　東京都港区虎ノ門4-3-12
装丁デザイン　松川 直也（日経BPコンサルティング）
表紙イラスト　早川 直希
章扉イラスト　小原 幸浩
制　作　　日経BPコンサルティング
印刷・製本　大日本印刷

ISBN 978-4-296-10394-2